이기는 자

정덕규 지음

창연

이기는 자

*자유의지(지 · 정 · 의, 곧 생각, 감정, 의지의 엄중성)
*엄중성
　여호와 하나님이 그 땅(에덴 동산)에서 보기에 아름답고 먹기에 좋은 나무가 나게 하시니 동산 가운데에는 **생명나무와 선악을 알게 하는 나무도 있더라**(창2:9)

1. 구원(자유의지의 검증권 즉 검증, 연구, 분석, 분별, 구별)
*검증(아담의 잃어버린 낙원과 예수 그리스도의 되찾은 천국)
　여호와 하나님이 그 사람을 이끌어 에덴동산에 두어 그것을 경작하며 지키게 하시고 여호와 하나님이 그 사람에게 명하여 이르시되 동산 각종 나무의 열매는 네가 임의로 먹되 ***선악을 알게 하는 나무의 열매는 먹지 말라 네가 먹는 날에는 반드시 죽으리라 하시니라**(창2:15~17)

*미혹(꾀임)
　1) 뱀이 여자에게 이르되 너희가 결코 죽지 아니하리라(창3:4)
*범죄(불순종)
　2) 여자가 그 나무를 본즉 먹음직도 하고 보암직도 하고 지혜롭게 할 만큼 탐스럽기도 한 나무인지라 여자가 그 열매를 따 먹고 자기와 함께 있는 남편에게도 주매 그도 먹은지라(창3:6)
*아담(하와)의 범죄(불순종)로 잃어버린 낙원
　3) 여호와 하나님이 이르시되 보라 이 사람이 선악을 아는 일에 우리 중 하나 같이 되었으니 그가 그의 손을 들어 생명나무 열매도 따 먹고 영생할까 하노라 하시고 여호와 하나님이 에덴동산에서 그를 내보내어 그의 근원이 된 땅을 갈게 하시니라(창3:22~23)

*예수 그리스도의 대속(죗값)의 죽으심과 부활로 되찾은 천국
　4) 예수는 우리가 범죄한 것 때문에 내줌이 되고 또한 우리를 의롭다 하시기 위하여 살아나셨느니라(롬4:25)

2. 구원(자유의지의 선택권 곧 선택, 결정, 결단, 고백, 영접)
*선택

1) 아담 안에서 모든 사람이 죽은 것 같이 *그리스도 안에서 모든 사람이 삶을 얻으리라(고전15:22).

2) 도둑이 오는 것은 도둑질하고 죽이고 멸망시키려는 것 뿐이요, *내가 온 것은 양으로 생명을 얻게 하고 더 풍성히 얻게 하려는 것이라(요10:10).

3) *그(예수 그리스도)를 믿는 자는 심판을 받지 아니하는 것이요 믿지 아니하는 자는 하나님의 독생자의 이름을 믿지 아니하므로 벌써 심판을 받은 것이니라(요3:18).

4) *또 아는 것은 우리는 하나님께 속하고 온 세상은 악한 자(이 세상의 신, 공중의 권세 잡은 자) 안에 처한 것이며(요일5:19).

3.구원(복음을 듣고, 예수 그리스도를 믿고, 나의 구주로 영접)
*복음
예수 그리스도께서 전 인류(나)의 모든 죄를 짊어지시고, 십자가에 달려 피 흘려 죽으시고, 사흘 만에 부활하셨음을 내 마음에 믿고 나의 구주로 영접하면 구원을 받는다는 생애(지상) 최고의 가장 귀하고, 아름답고, 기쁘고, 복된 소식(롬1:16, 롬1:17)

1) 만일 우리의 복음이 가리었으면 망하는 자들에게 가리어진 것이라 그 중에 "이 세상의 신"이 믿지 아니하는 자들의 마음을 혼미하게 하여 그리스도의 영광의 복음의 광채가 비치지 못하게 함이니 그리스도는 하나님의 형상이니라(고후4:3~4).

2) 이르시되 내가 은혜 베풀 때에 너에게 듣고 구원의 날에 너를 도왔다 하셨으니 보라 지금은 은혜 받을 만한 때요 보라 지금은 구원의 날이로다(고후6:2).

3) 구원(구원은 현재이다, 오늘, 바로! 지금! 지금! 지금이다, 내일은 내 것이 아니다, 오늘, 지금! 바로! 바로! 오늘이다)

구원(자유 의지의 선택권)

하나님의 아들(예수 그리스도)이 나타나신 것은 죽음을 통하여 죽음의 세력을 잡은 자 곧 마귀를 멸하시며 마귀의 일을 멸하려 하심이라(히2:14, 요일3:8, 계20:10)

도둑(마귀)이 오는 것은 도둑질(영혼, 삶)하고 죽이고(살인, 자살, 테러) 멸망(지옥, 불못)시키려는 것 뿐이요	내(예수 그리스도)가 온 것은 양(당신)으로 생명(천국, 부활, 영생, 치유, 부요)을 얻게 하고 더 풍성히 얻게 하려는 것이라 (요10:10)
가짜 : 미혹(지옥, 불못)	**진짜 : 진리(천국, 영생)**
대적(지옥의 왕)의 삼위 일체	**하나님(만왕의 왕)의 삼위 일체**
1) 용(옛 뱀, 마귀, 사탄) : 루시퍼(사14:12~15) 2) 짐승1.(적그리스도) : 정치(계13:1) 3) 짐승2.(거짓선지자) : 종교(계13:11) 　　　　　　　　　　　　경제(계13:16~18)	1) 성부(여호와) : 창조주(창1:1) 2) 성자(예수 그리스도) : 구원자(요14:6) 3) 성령(보혜사) : 인도자(롬8:14)
※ 전인류(자연인) : 그러므로 한사람(아담)으로 말미암아 죄(불순종)가 세상에 들어오고 죄로 말미암아 사망(지옥, 불못)이 들어왔나니 이와 같이 모든 사람이 죄를 지었으므로 사망이 모든 사람에게 이르렀느니라(롬5:12)	※ 천국복음 : 예수는 우리(전 인류)가 범죄(불순종)한 것 때문에 내줌이 되고 또한 우리를 의롭다 하시기 위하여 살아나셨느니라 (롬4:25)
① 살후 1:8~9 ② 고후 4:3~4 ③ 엡 2:2 ④ 계 20:15	① 엡 6:11 ② 엡 6:12~13 ③ 벧전 5:8~9 ④ 약 4:7

또 내가 보매 천사가 무저갱의 열쇠와 큰 쇠사슬을 그의 손에 가지고 하늘로부터 내려와서 용을 잡으니 곧 옛 뱀이요 마귀요 사탄이라 잡아서 천년 동안 결박하여 무저갱에 던져 넣어 잠그고 그 위에 인봉하여 천년이 차도록 다시는 만국을 미혹하지 못하게 하였는데 그 후에는 반드시 잠깐 놓이리라(계 20:1~3)

※자유의지 : 지(생각), 정(감정), 의(의지)의 엄중성(선택권) : 창 2:9

자연인 : 요 3:18(심판)	**선택권 : 요 3:17(구원)**

도둑(강도, 마귀)이 오는 것은 도둑질(영혼, 삶)하고 죽이고(살인, 자살, 테러) 멸망(지옥, 불못)시키려는 것 뿐이요(요10:10)

1) 루시퍼: 너 아침의 아들 계명성이여 어찌 그리 하늘에서 떨어졌으며 너 열국을 엎은 자여 어찌 그리 땅에 찍혔는고 네가 네 마음에 이르기를 내가 하늘에 올라 하나님의 뭇 별 위에 내 자리를 높이리라 내가 북극 집회의 산 위에 앉으리라(사14:12~13)

가장 높은 구름에 올라가 지극히 높은 이와 같아지리라 하는도다(사14:14)

그러나 이제 네가 스올(음부) 곧 구덩이 맨 밑(무저갱)에 떨어짐을 당하리로다(사14:15)

2) 정치: 내가 보니 바다에서 한 짐승이 나오는데 뿔이 열이요 머리가 일곱이라 그 뿔에는 열 왕관이 있고 그 머리들에는 신성 모독하는 이름들이 있더라(계13:1)

3) 종교: 내가 보매 또 다른 짐승이 땅에서 올라오니 어린 양 같이 두 뿔이 있고 용처럼 말을 하더라(계13:11)

경제: 그가 모든 자 곧 작은 자나 큰 자나 부자나 가난한 자나 자유인이나 종들에게 오른손에나 이마에 표를 받게하고 누구든지 이 표를 가진 자 외에는 매매를 못하게 하니 이 표는 곧 짐승의 이름이나 그 이름의 수라 지혜가 여기 있으니 총명한 자는 그 짐승의 수를 세어 보라 그것은 사람의 수니 그의 수는 육백육십육이니라(계13:16~18)

*전 인류(자연인): 그러므로 한 사람(아담)으로 말미암아 죄(불순종)가 세상에 들어오고 죄로 말미암아 사망이 들어왔나니 이와 같이 모든 사람이 죄를 지었으므로 사망(지옥, 불못)이 모든 사람에게 이르렀느니라(롬5:12)

@하나님을 모르는 자들과 우리 주 예수의 복음에 복종하지 않는 자들에게 형벌을 내리시리니 이런 자들은 주의 얼굴과 그의 힘의 영광을 떠나 영원한 멸망의 형벌을 받으리로다(살후1:8~9)

@만일 우리의 복음이 가리었으면 망하는 자들에게 가리어진 것

이라 그중에 이 세상의 신이 믿지 아니하는 자들의 마음을 혼미하게 하여 그리스도의 영광의 복음의 광채가 비치지 못하게 함이니 그리스도는 하나님의 형상이니라(고후4:3~4)

@그때에 너희는 그 가운데서 행하여 이 세상 풍조를 따르고 공중의 권세 잡은 자를 따랐으니 곧 지금 불순종의 아들들 가운데서 역사하는 영이라(엡2:2)

@누구든지 생명책에 기록되지 못한 자는 불못에 던져지더라(계20:15)

내(예수 그리스도)가 온 것은 양(당신)으로 생명(천국, 부활, 영생, 치유, 부요)을 얻게 하고 더 풍성히 얻게 하려는 것이라(요10:10)

1) 태초에 하나님이 천지를 창조하시니라(창1:1)

2) 다른 이로써는 구원을 받을 수 없나니 천하 사람 중에 구원을 받을만한 다른 이름을 우리에게 주신 일이 없음이라 하였더라(행4:12)

3) 무릇 하나님의 영으로 인도함을 받는 사람은 곧 하나님의 아들이라(롬8:14)

*천국복음: 예수는 우리(전 인류)가 범죄한 것(불순종) 때문에 내줌이 되고 또한 우리를 의롭다 하시기 위하여 살아나셨느니라(롬4:25)

@마귀의 간계를 능히 대적하기 위하여 하나님의 전신 갑주를 입으라(엡6:11)

@우리의 씨름은 혈과 육을 상대하는 것이 아니요 통치자들과 권세들과 이 어둠의 세상 주관자들과 하늘에 있는 악의 영들을 상대함이라 그러므로 하나님의 전신 갑주를 취하라 이는 악한 날에 너희가 능히 대적하고 모든 일을 행한 후에 서기 위함이라(엡6:12~13)

@근신하라 깨어라 너희 대적 마귀가 우는 사자같이 두루 다니며 삼킬 자를 찾나니 너희는 믿음을 굳건하게 하여 그를 대적하라 이는 세상에 있는 너희 형제들도 동일한 고난을 당하는 줄을 앎이

라(벧전5:8~9)

@그런즉 너희는 하나님께 복종할지어다 마귀를 대적하라 그리하면 너희를 피하리라(약4:7)

또 내가 보매 천사가 무저갱의 열쇠와 큰 쇠사슬을 그의 손에 가지고 하늘로부터 내려와서 용을 잡으니 곧 옛 뱀이요 마귀요 사탄이라 잡아서 천 년 동안 결박하여 무저갱에 던져 넣어 잠그고 그 위에 인봉하여 천 년이 차도록 다시는 만국을 미혹하지 못하게 하였는데 그 후에는 반드시 잠깐 놓이리라(계20:1~3)

*자유의지: 지(생각), 정(감정), 의(의지)의 엄중성(선택권 : 창2:9)
여호와 하나님이 그 땅에서 보기에 아름답고 먹기에 좋은 나무가 나게 하시니 동산 가운데에는 생명나무와 선악을 알게 하는 나무도 있더라(창2:9)

자연인: 그를 믿는 자는 심판(정죄)을 받지 아니하는 것이요, 믿지 아니하는 자는 하나님의 독생자의 이름을 믿지 아니하므로 벌써 심판(정죄)을 받은 것이니라(요3:18)(심판)

선택권: 하나님이 그 아들을 세상에 보내신 것은 세상을 심판하려 하심이 아니요 그로 말미암아 세상이 구원을 받게 하려 하심이라(요3:17)(구원)

차례

머리말 · 16

신앙 여정의 4가지 핵심 요약
*기름부음 *하나님의 나라 *부르심과 택하심 *영적전쟁 · 18

1부 세상 성공과 신앙 성공의 두 마리 토끼를 쫓다
1장 예수가 너 때문에 죽었다(아직 성경 말씀을 몰랐을 때) · 24
2장 천지개벽의 전 우주적인 대사건 · 24
3장 성령님의 인도하심이 심령 천국을 이루었다 · 26
4장 3년의 새벽 기도 때마다 밴츠를 달라고 떼(기도)쓰다 · 28

2부 육체의 소욕과 성령은 죽음과 삶의 분기점
1장 육신(율법)적인 믿음인 내면의 갈등에 고민하다 · 32
2장 은혜 충만에 집중(올인)하다 · 33
3장 자아(옛 사람) 처리에 눈을 뜨다 · 33
4장 말씀으로 인도(훈련, 단련)하시고 이루시는 하나님 · 34

3부 말씀 기도 선포
1장 맡김(자유) · 40
2장 말씀(선포) · 42
3장 너희 안에서 행하시는 이는 하나님이시니 · 43
4장 지피지기면 백전백승이라
　　(적들의 존재를 먼저 알아야 대비하고 또 이길 수 있다) · 44

4부 물(말씀)과 성령
1장 물과 성령 · 48

1) 천국 중매
　　2) 구원은 믿음으로
　　3) 믿음은 들음에서
　　4) 물과 성령
　　5) 하나님의 선물

2장 하나님 사랑 · 50
　　1) 사랑으로써 역사하는 믿음

3장 자아(옛 사람) 처리 · 51
　　1) 하나님의 의(열심, 만족, 뜻)
　　2) 말씀과 기도
　　3) 옛 사람 처리
　　4) 행하시는 이는 하나님이시니

4장 이웃 사랑(서로 사랑, 믿음에서 나오는 사랑) · 53
　　1) 서로 사랑
　　2) 믿음에서 나오는 사랑

5부 영적 성장의 3단계

1장 하나님(만왕의 왕, 만주의 주)의 삼위 일체 · 56
　　1) 성부(여호와)
　　2) 성자(예수 그리스도)
　　3) 성령(보혜사)

2장 영적 성장의 3단계 · 58
　　1) 영적 유아기(기본)
　　2) 영적 청년기(기본)
　　3) 영적 장년기(기본)
　　4) 영적 갈등기(확대)
　　5) 영적 성장기(확대)
　　6) 영적 성숙기(확대)

3장 육신(율법)에서 성령(은혜)으로 · 63
　　1) 율법과 은혜

2) 행위와 믿음
　　3) 육신과 성령
4장 돌이키라, 엎드려라, 회개와 믿음, 대적의 속임수 · 64
　　*돌이키라(역대하7:14, 13구절)
　　*엎드려라(갈2:20, 17구절)
　　*회개와 믿음(행20:21, 1구절)
　　*대적(지옥의 왕)의 속임수

6부 십자가를 통과하라

1장 말씀과 기도(암송, 은혜) · 72
　　1) 회개와 믿음
　　2) 예배와 거룩
　　3) 말씀과 기도
　　4) 양육과 자람
　　5) 인도와 성령
　　6) 말씀과 단련
　　7) 고난과 영광
　　8) 명령과 복종
　　9) 복종과 대적
　　10) 따름과 응함
　　11) 믿음과 순종
　　12) 믿음과 행함
　　13) 완전과 온전
　　14) 그리스도의 발자취
　　15) 그리스도의 장성한 분량
2장 피 뿌림(예수 그리스도의 십자가 보혈의 피 능력) · 76
　　1) 도둑(강도, 마귀)과 예수 그리스도
　　2) 예수 그리스도의 십자가 보혈의 피(말씀)
　　3) 십자가 보혈의 피를 뿌리고, 바르고, 덮으라

3장 영적 전쟁(대적 기도의 권세) · 79
　　1) 하나님의 전신 갑주를 입으라
　　2) 대적(말씀)
　　3) 대적 기도(*요일2:14절, 믿음의 분량, 목사님 상담 요함)
4장 십자가를 통과하라 · 83
　　1) 비유컨대 그를 죽은 자 가운데서 도로 받은 것이니라
　　2) 믿음으로 믿음에
　　3) 새 생명 가운데서 행하게 하려 함이라

7부 기·승·전·결

기 *자유의지의 검증권 : 지(생각), 정(감정), 의(의지)의 검증, 연구, 분석, 분별, 구별) · 86
1) 하나님(만왕의 왕, 만주의 주)의 삼위일체
2) 하나님의 속성
3) 하나님의 천사 창조
4) 천사장들과 천사들의 임무와 범죄(*교만)
5) 하나님의 천지 창조와 사람(생령) 창조
6) 첫 사람(아담, 하와)의 범죄(불순종)로 잃어버린 낙원
7) 예수 그리스도의 대속(죗값)의 죽으심과 부활로 되찾은 천국
8) 벌써 심판(정죄)을 받은 것이니라
9) 회개와 믿음
10) 율법으로는 죄를 깨달음이니라
11) 예수 그리스도의 이름으로 세례를 받고 죄 사함을 받으라
12) 계시, 가르침, 양육, 자람 (*통달)

승 *자유 의지의 선택권 : 지(생각), 정(감정), 의(의지)의 선택, 결정, 결단, 고백, 영접) · 95
13) 하나님의 의(율법에서 은혜로)
14) 믿음으로 하나님의 아들이 되었으니(행위에서 믿음으로)
15) 그리스도는 율법의 마침이 되시니라(육신에서 성령으로)

16) 평안, 기쁨, 진리, 자유 (*인내)
17) 믿음과 사랑
18) 구원의 우물들(말씀)
19) 구원의 우물들(고침, 범죄하지 아니하려, 위로, 등이요 빛)
20) 구원의 우물들(새기고)
21) 구원의 우물들(선포)
22) 구원의 우물들(기도)
23) 구원의 우물들(생수, 샘물, 성령, 생수의 강, 성령강림)
24) 구원의 우물들(성령)

전 *자아(옛 사람) 처리 · 101
25) 하나님의 말씀을 이루려 함이니라
26) 온 세상은 악한 자 안에 처한 것이며
27) 세상을 이기는 자
28) 사망을 이기는 승리의 삶(옛 사람 처리)
29) 열매(나는 포도나무요 너희는 가지니)
30) 세상의 소금
31) 세상의 빛
32) 혀는 능히 길들일 사람이 없나니
33) 십자가를 통과하라(죽은 자 가운데서 도로 받은 것이니라)
34) 하나님 사랑(사랑으로써 역사하는 믿음)
35) 서로 사랑
36) 이웃 사랑(믿음에서 나오는 사랑)

결 *거룩 · 108
37) 거룩
38) 그 짐승의 수를 세어 보라 그의 수는 육백육십육이니라
39) 볼지어다 그가 구름을 타고 오시리라
40) 심판
41) 만왕의 왕(만주의 주, 심판주)

42) 너희가 듣는 말은 나를 보내신 아버지의 말씀이니라
43) 나와 아버지는 하나이니라 하신대
44) 원수 갚는 것이 내게 있으니 내가 갚으리라고 말씀하시니라
45) 처음 익은 열매
46) 재림
47) 천년왕국
48) 새 하늘과 새 땅(새 예루살렘)

맺는 말 · 116
핵심 6계열 24구절, 암송 도전 권면 · 117

머리말

내 나이 30세 때에 예수를 믿는 아내를 만났다. 그리고 18년 후 믿음의 여정이 시작되었고…… 갓난 아기는 엄마의 사랑과 젖을 먹고 자라지만 성도는 하나님의 사랑(요일4:16, 롬5:8)과 고난(벧전4:1~2, 빌1:29, 롬8:16~17)을 먹고 자란다.

1. 말씀: 이에 아브람이 여호와의 말씀을 따라갔고 ~(창12:4)
2. 기도: 너희는 주께 받은바 기름부음이 너희 안에 거하나니 아무도 너희를 가르칠 필요가 없고 ~(요일2:27)

3. 남은 자: 그에게 하신 대답이 무엇이냐 내가 나를 위하여 바알에게 무릎을 꿇지 아니한 사람 칠천 명을 ~(롬11:4~5)
4. 복종: 우리가 육신으로 행하나 육신에 따라 싸우지 아니하노니 우리의 싸우는 무기는 육신에 속한 것이 ~(고후10:3~6)

5. 대적: 근신하라 깨어라 너희 대적 마귀가 우는 사자 같이 두루 다니며 삼킬 자를 찾나니 ~(벧전5:8~9)
6. 순종: 하나님이 누구에게 맹세하사 그의 안식에 들어오지 못하리라 하셨느냐 곧 순종하지 아니하는 ~(히3:18~19)
7. 행함: 네가 보거니와 믿음이 그의 행함과 함께 ~(약2:22)

그리고 또 18년 후 다시 종교(신앙) 대개혁(다원주의, 혼합주의, 인본주의 철퇴와 하나님 중심, 교회 중심, 말씀 중심)의 길로……

2022년 1월 1일 아침에 이 한 권의 책을 쓰게 하신 성 삼위 하나님께 모든 영광과 감사와 찬양을 올려드립니다. 주님 홀로 높임을 받으시옵소서! 주님 홀로 영광 영광 거두시옵소서! 이 시간 우리 주님을 찬양합니다! 이 시간 우리 주님을 사랑합니다! 할렐루야! 할렐루야! 할렐루야!

신앙 여정의 4가지 핵심 요약

*기름 부음
태초에 하나님이 천지를 창조하시니라(창1:1)

---

1) 그의 명령을 땅에 보내시니 그의 말씀이 속히 ~(시147:15)
2) 이에 아브람이 여호와의 말씀을 따라갔고 ~(창12:4)
3) 너희는 주께 받은 바 기름부음이 너희 안에 ~(요일2:27)
4) 그의 발은 차꼬를 차고 그의 몸은 쇠사슬에 ~(시105:18~19)

그러나 내가 가는 길을 그가 아시나니 그가 나를 단련하신 후에는 내가 순금같이 되어 나오리라(욥23:10)

***하나님의 나라**

예수께서 대답하시되 진실로 진실로 네게 이르노니 사람이 물과 성령으로 나지 아니하면 하나님의 나라에 들어갈 수 없느니라 (요3:5)

---

1) 너희가 거듭난 것은 썩어질 씨로 된 것이 아니요 ~(벧전1:23)
2) 우리를 너희와 함께 그리스도 안에서 굳건 ~(고후1:21~22)
3) 바리새인들이 하나님의 나라가 어느 때에 ~(눅17:20~21)
4) 모든 지킬만한 것 중에 더욱 네 마음을 지키라 ~(잠4:23)

성령이 친히 우리의 영과 더불어 우리가 하나님의 자녀인 것을 증언하시나니 자녀이면 또한 상속자 곧 하나님의 상속자요 그리스도와 함께한 상속자니 우리가 그와 함께 영광을 받기 위하여 고난도 함께 받아야 할 것이니라(롬8:16~17)

*부르심과 택하심

그는 허물과 죄로 죽었던 너희를 살리셨도다(엡2:1)

---

1) 믿음으로 믿음에 ~(롬1:17)
2) 영광에서 영광에 ~(고후3:18)
3) 부르심과 택하심 ~(벧후1:10)
4) 이기고 또 이기리로다 ~(계17:14)

위의 것을 생각하고 땅의 것을 생각하지 말라 이는 너희가 죽었고 너희 생명이 그리스도와 함께 하나님 안에 감추어졌음이라(골3:2~3)

*영적 전쟁

나는 알파와 오메가요 처음과 마지막이요 시작과 마침이라(계22:13)

---

1) 생명(인자의 살과 피) ~(요6:53)
2) 예배(영과 진리) ~(요4:23~24)
3) 전투(영적 전쟁) ~(요일2:14)
4) 거룩(말씀과 기도) ~(딤전4:4~5)

주 예수의 은혜가 모든 자들에게 있을지어다 아멘(계22:21)

1부

세상 성공과 신앙 성공의 두 마리 토끼를 쫓다

1부 세상 성공과 신앙 성공의 두 마리 토끼를 쫓다

1장 예수가 너 때문에 죽었다(아직 성경 말씀을 몰랐을 때)

약 4여 년 전 어느 따뜻한 봄날 주일 11시 예배 시간, 이날도 나는 교회(예배당)에 나가기 싫어 이런저런 핑계를 대며 빠져나가려 했지만 아내의 다그침에 못이겨 억지로 출석했다. 그런데 목사님의 설교 말씀 도중 갑자기 가슴에서 울려오는 음성이 있었다. "예수가 너 때문에 죽었다"는 것이었다. 난생 처음 겪은 체험으로 어리둥절했다. 이때로부터 지금까지 주신 성경 말씀은 약 20여 회 그것은 "1)죄 2)하나님(성부)의 사랑 3)예수님(성자)의 은혜 4)성령 5)믿음 6)구원(하나님의 자녀, 죄사함, 천국, 부활, 영생, 치유, 부요 7)심판 8)의지(맡김) 9)고난 10)인내 11)복 12)진리 13)자유 14)평강 15)기쁨 16)감사 17)만족의 삶"에 대한 것이었으며 "한 사람을 천하보다 더 귀하게 여기시는(막8:36), 하나님의 마지막 말씀은 "복음을 전하라"는 것이었다…… 나는 그 동안 약 20여 년을 이런저런 다양한 종교를 떠돌며 구원의 영생을 갈망했지만 허사였다. 그 절망의 끝에 하나님께서 나에게 사랑의 음성으로 구원의 영생을 주셨고 나는 생애(지상) 최고의 선물(엡2:8)을 받았(믿었)다. 이 영생의 비밀을 가슴 벅차게 간직한 나로서는 하나님의 사랑의 명령을 거절할 수 없었고 전하지 않고서는 도저히 견딜 수가 없었다. 그래서 지금 이렇게나마 애를 쓰게 된 것이다…… (이상은 14여 년 전에 제작한 전도지 내용의 첫 부분임)

2장 천지개벽의 전 우주적인 대사건

"세상에는 공짜가 없다"는 말이 있듯 나도 처음 은혜(구원) 받고 한참 동안은 "왜 죄는 내가 지었는데 주(예수 그리스도)님께서 대신 갚아주셨지?" 하며 참으로 이해가 되지 않았고 너무나 크나큰 충격이어서 어리둥절하기만 했다. "아니 그럴 리가 있나?" "아니 죄는 내가 다 지었는데 어째서 예수님께서 내 대신 나의 죄를 다

짊어지시고 십자가에 달려 목숨까지 내어주셨는가(롬4:25, 고전 15:3~6) 말이다. 또 세상 말에 "콩 심은 데 콩 나고 팥 심은 데 팥 난다"는 말이 있듯 내가 무엇을 열심히 했을 때에 그 결과물이 나오는 것이 아닌가? 그냥 선물로 받는다고 하면 왠지 어색하고 실제감이 오지 않는다. 아무리 선물이라지만 진정 이것은 상상을 초월하는 "전 우주 전체의 초유의 대 충격적 사건이자 정말 믿기 어려운 불가사의한 일이었다." 그런데 이 사건이 내게 일어난 것이다. 이 세상 천지 만물 중에 그 누가 그 무엇이 나를 위하여 나 같은 죄인(창3:6, 롬5:12, 롬3:10)을 위하여, 죄인 중에 괴수(딤전1:15)인 나를 위하여, 가장 혹독하고, 견디기 힘들고, 고통스럽고, 긴 시간의, 십자가 형벌을 내 대신(벧전2:24~25) 받으실 수 있단 말인가? 이 놀랍고 그 "크나큰 전 우주적인 대사건"이 내게도 일어난 것이다. 내 심령 가운데 주(성령)님께서 찾아오심(요일2:27)으로 이 위대하고 크나큰 대사건이 내게 일어났고 이 우주 전체 아니 그 이상의 선물을 받았다고나 할까? 그러한 가슴 벅찬 사건이 내 심중에서 일어났고 참으로 나에게는 "천지개벽의 순간"이었다. 순간적으로 순식간에 구원(하나님의 자녀, 죄사함, 천국, 부활, 영생, 치유, 부요)을 받았으니 얼마 동안(약 3주) 멍하고 실감이 나지 않았다. 자신의 어떤 선함이나 그 행위나 어떤 공로가 아닌 하나님의 일방적 사랑(롬5:8)의 표현 방식이라 오직 하나님의 은혜(엡2:5)라고 밖에는 달리 표현할 길이 없었다. 참으로 놀랍고 놀랍도다. 그 이후 이 일이 너무나 기쁘고 고맙고 가슴 벅차서 또한 그 사랑과 은혜가 너무나 크고 놀라워서 또한 측량할 수 없고 값을 길이 없어서 그저 눈물만 흐르고 또 흘러서 눈물 젖은 손수건을 수없이 적셔내는 감동과 감격의 나날이었다. 이 때 쯤 나는 "한 번 구원은 영원한 구원"이라는 말을 듣게 된다. 정말 신나는 일이었다. 이제 천국은 다 따 놓은 것이니 열심히 돈 많이 벌어서 "세상 성공도 하고 천국도 가고, 두 마리 토끼를 다 잡을 수 있다니???(눅16:13)"

3장 성령님의 인도하심이 심령 천국을 이루었다

나는 가족이나 친척 친지 친구 등 가까운 사람 중에 어느 누구도 예수를 믿는 사람이 없는 대대로 유교, 불교, 등의 전래적인 종교와 거짓 우상과 굿, 점, 등의 미신을 따르는 지금 알고 보니 더럽고 추악한 "우상숭배"의 집안 환경에서 자라났다. 그런데 좀 다른 것은 초. 중학교 시절 때부터 이생의 죽음 이후 또 다른 삶이 있을 것이란 막연한 생각으로 4형제 중 막내지만 유달리 "이 세상 풍조를 잘 따르는데 열심"이었고 지금 알고보니 "공중의 권세 잡은 자"를 따르는(엡2:2) 일에 가장 열정적이었다. 성인이 된 후에는 더욱 더 적극적으로 따르려고 애쓰고 힘썼다. 그러던 중 아내가 가끔씩 교회 예배에 함께 가자고 요구해 왔다. 다투기 싫어서 간헐적으로 가끔씩 나가 주었지만 아무 느낌도 감동도 없었고 심적 부담도 없었다. 그렇게 교회(예배당) 마당 밟기만 수 년을 했다. 그냥 일자 무식자였다. 말씀 한 구절도 몰랐고 알려고 하지도 않았고 관심도 없었다. 미혹의 영들이 철저히 눈을 가리고 속였던 것일까? 아니면 바보 멍청이였던가? 참으로 한심한 자신이었다. 또 그러던 중 어느 날 이번 주일에 또 교회(예배당)에 함께 가자고 했다. 나는 그때에 일이 어려워져서 300만 원의 카드 빚을 안고 있었고 카드 세 개로 돌려막기를 하고 있었다. 또 앞으로도 갚을 수 있는 여건이 아니었다. 그래서 아내에게 제안을 했다.(그때에 아내는 직장을 갖고 있었음.) 대신 갚아주면 나가겠노라고…… 그런데 그것을 받아주었다. 할렐루야! 그때 내 나이 48세 또 그렇게 예배당 땅을 밟게 되었는데 어느 화창한 봄날 주일 낮 11시 예배 시간이었고 그 날도 다른 때처럼 목사님의 설교 말씀을 잘 듣고 있었다. 그런데 설교 말씀 도중 가슴에서 울려오는 한 음성이 있었다. "예수가 너 때문에 죽었다"는 것이었다. 어! 이게 어찌된 일인가? 가슴으로 음성이 들리다니? 단지 그것 뿐이었다. 그 외에 아무런 느낌도 없었고 감동도 없었다. 그런데 집에 와서부터 좀 다른 부분이 있었다. "멍하니 약간 술취한 듯" 했는데 또 "네 찬송을 듣고 싶다"

는 음성이 들렸다. 그날 이후 약 3주간 발이 땅 위로 약간 뜬 느낌이었다.(실제로는 닿아 있었음.) 그때부터 "성경 말씀을 알고 싶었고 읽고 싶어졌다." 참 알 수가 없었다. 그래도 간헐적이었지만 수년을 예배당에 출석했어도 성경 말씀 한 구절도 관심조차 없었는데 예배를 드려도 먹통이었는데 이게 웬일인가? 웬 말인가? 그래서 일단 스스로는 처음으로 성경을 펴 보았다.(그동안 예배 때에는 아내가 다 찾아서 펴 주었음.) 내용은 고사하고 그 페이지 수가 얼마나 많은지? 시작할 용기가 나지 않았다.(사실은 지레 겁을 먹었음.) 금방 꾀(꼼수)가 나왔다. 성경 66권 중 5장 이하의 책만 골라서 끝까지 읽어 보기로 했는데 그것은 가능했다.(약간 자신감이 붙었다.) 그 후에 바로 "로마서"로 성령님이 인도하셨고 오랫동안 머물게 되었다. 엄청난 은혜와 기쁨과 평안으로 채워주셨다. 특별히 7~8장에서는 더욱 많은 시간을 할애했다. (권면하자면 이 로마서 6~7~8장을 통째로 암송해본다면 긴 신앙 여정의 크나큰 은혜의 마중물 같은 특별한 기회가 될 것이다.) 그리고 갈라디아서, 빌립보서, 등등 그리고 나서 다시 "신약 처음부터 끝까지" "구약 처음부터 끝까지"를 읽게 되었는데 신약 전체 중에서는 "요일2:27절"을 구약 전체 중에서는 "창12:4절"을 성령님께서 강하게 조명해 주셨고 그 이후는 "구약 창세기부터 신약 요한계시록까지"를 읽게 되었다. 그래서 이제 그 때에 속았던 그 일이 너무나 "괘씸하고 더럽고 추악해서" 더욱 더 우상을 철저히 배척한다. 그도 그럴 것이 생명 없는, 아니 그보다 더욱 마귀가 지옥 불못(계20:15)으로 끌고 들어가는 줄도 모르고 열심히 그렇게 그 "마귀"를 따랐으니 지금 생각해 보면 아찔하고 아찔하다. 일생에 세 번의 큰 기회가 있다고 했던가? 첫 번째 예수 없는 우상 집안 덕분에 가장 큰 기회는 놓쳤다. 두 번째 예수를 믿는 아내를 만나 진짜 성공의 기회를 잡았다. 처음엔 아내가 적극적으로 알려주지도 않았고 나 자신도 알려고 하지 않았다. 미혹의 영들이 나를 철저히 속이고 아예 관심을 갖지 못하도록 마음을 혼미하게(고후4:3~4) 했던 것이다. 지금 알고보니 사람으로 태어난 이상 이 "예수님을 붙드는 신앙(행16:31)" 보다 더 시급한 것은 이 세상에 없다. 내일 일을 그 누가 알겠는가 말이다. 아니 오늘 잠깐 후의 일도 우리는 모르는 것이다. 이것은 "세상 천지에서 가장 값비싼 보험을 아니 진짜 "생명(요14:6, 행 4:12, 살전4:16~17)보험"을 공짜로 드는 것"이다. 예수님을 내 마음에 믿고 영접하여(요1:12) 모심으로 섬기는 이 일이야말로 "세상 인생 길에서 가장 큰 대사요, 가장 큰 성공이며, 인생의 멸망과 생명(요10:10)을 가르는 것이요, 하나님께서 사람(인생)을 지으신 목적(요4:23~24, 고전10:31, 시150:6)이요, 또 "주님과 함께 천국에서 영생 복락(계19:6~8)"을 누리는 길인 것이다." 사람으로 태어난 모두는 "한 번 죽는 것은 사람에게 정해진 것이요 그 후에는 "심판(천국 또는 지옥)"이 있으리니(히9:27)" 하셨으니 피할 자가 누구랴? 이 일을 모르니 발 뻗고 잠들 수 있지만 "제대로 안다면, 정말로 제대로 안다면, 진짜로 제대로 안다면, 진실로 제대로 안다면, 그냥 편히 잠들 수 있겠는가??????" 말이다. 나도 그 때는 이 엄중함을 전혀 몰랐다. 지금이 바로 그때인 것이다. 예수님을 나의 구(세)주로 영접할 때이며, 섬길 때이며, 성장, 성숙의 길로 달음질할 때이다. 이제 우리 모두가 다 함께 "말씀하시고, 인도하시고, 가르치시고, 도우시되, 훈련과 연단으로 양육하시는(딛2:11~14) 성령님을 따라 주님의 신부로 단장되기 위하여 주님만 "바라보고, 믿고, 의지하고, 따름"으로 진실되고 깨끗한 신부들로 세움 받는 은혜의 시간들이 되시기를 간절히 소망하고 간구한다.

4장 3년의 새벽 기도 때마다 벤츠를 달라고 떼(기도)쓰다

처음 신앙의 여정이 시작되었을 때 차를 운전하는 것과 차를 무척 좋아했던 나는 "어린 애가 정말 아무것도 모를 때에 비행기를 좋아해서 아빠에게 진짜 타고 날 수 있는 비행기를 사 달라고 졸라대는 철없는 어린 애처럼 그렇게 나는 그때 하나님께 벤츠를 달라고 3년간을 거의 새벽마다 교회 예배당에 가서 기도하며 졸라댔고 떼를 썼다. 그런데 한 번도 꾸짖지 아니하시고 어느 날 새벽 기도 때에 그냥 알게 하시기를 "감사예물"을 드릴 때에 감사예물의 기도 제목으로 "여호와께서 주신 선물" 삼위일체의 하나님 "1)성부(여호와) : 계획, 2)성자(예수 그리스도) : 성취, 3)성령(보혜사) : 역사" 이렇게 적어라는 계시를 주셨다. 그때 이후 벤츠에 대한 기도는 멈췄고 더욱 좋은 것으로 바꾸어 주신 우리 아버지 하나님께 무한한 감사를 올려드렸고 그 사건 이후에도 많은 시행착오가 있었지만 하나님께서 심히 미워하시는 이런 엉터리 같은 믿음인 "육신의 정욕, 안목의 정욕 이 생의 자랑(요일2:15~17)"으로 벤츠를 선물로 달라고 떼를 쓰는 등 잘못 구한다 할지라도 "기도하는 훈련"을 시키시고자 그 습관을 익히게 하시고자 끊임없이 말씀과 성령의 은혜를 부어주셨다. 결국 모든 것을 합력하여 선(롬8:28)을 이루시는 하나님 아버지이심을 믿고 아버지께서 주신 뜻이 아니면 과감하게 끊어버리는 결단을 내리는데 좋은 자양분이 되었다.

2부

육체의 소욕과 성령은 죽음과 삶의 분기점

2부 육체의 소욕과 성령은 죽음과 삶의 분기점

1장 육신(율법)적 믿음인 내면의 갈등에 고민하다

그럴수록 마음속의 모든 묵은 찌꺼기가 다 씻은 듯 날아가 버리고 가슴이 후련하고 평안했다. 그리하여 기도가 점점 더 깊어지고 즐거웠다. 말씀을 듣기도 읽기도 재미있고 암송도 재미있고 즐거웠다. 찬송도 정말 은혜의 보물 창고였다. 그래서 자신이 구원을 선물로 받았다는 것이 믿어지지 않을 정도로 너무나 놀랍고 신기해서 말도 안 나오고 멍하니 꿈꾸는 듯 과연 진짜일까? 싶었다. 그래서 자꾸 내 힘으로 뭔가를 또 열심히 해보려고 애를 썼다. 그럴수록 마음은 더욱 편하지 않았고 하는 일들은 꼬여만 갔다. 참 어려운 시기였다. 그런데 새벽 기도 중에 갑자기 내 속에서 "영적 성장에는 3단계가 있다"고 하시는데 바로 "영적유아기 : 예수, 믿음, 영접, 구원, 영적청년기 : 사랑, 은혜, 맡김, 자유, 영적장년기 : 찬양, 말씀, 기도, 선포" 이렇게 바로 순식간에 "마음판에 새겨주시는데" 참으로 놀라웠고 신기했다. 그러나 그 어렵고 혼란스러운 시기를 겪다보니 자동적으로 다른 표현으로는 "영적갈등기, 영적성장기, 영적성숙기"로 두 정리되어졌다. 그래서 정말 이 구원이 기쁨을 혹시라도 잃을까봐 새벽기도 시간에는 더 익숙해 있던 "한 번 해병은 영원한 해병"을 여러번 되새기고 그 이후 이어서 "한 번 구원은 영원한 구원" 하고 이렇게 암송하며 다지고 또 다지고 기도하고 말씀도 암송하고, 하면서 구원을 놓칠까 봐 염려하고 있었고 또 내 힘으로 내 노력으로 놓치지 않을거라고, 뭔가 잘할 거라고 생각하고 애쓰면서도 내면의 갈등으로 힘들어하고 있었다. 그 때부터는 "말씀과 기도"(이 두 말씀의 원리를 깨달아 많은 부분에서 구원의 영적 원리를 깨달음으로써 내려놓는 기도 즉 비우는 기도에 힘썼다.) 이후 시간이 흐를수록 이 두 말씀의 원리는 확고해졌고 신앙의 성장과 확신에 불을 붙였다. 이제 신앙 여정의 큰 문턱 하나를 넘어서게 된 것이다. 그리하여 오직 말씀과 기도에만 온 마음을 쏟고 힘쓰고 애쓰며 다지고 나아감으로써 엄청난 은혜와 자유와 기쁨과 평안의 안식으로 채워주셨다.

2장 은혜 충만에 집중(올인)하다

은혜를 나누기 위해서는 먼저 자신이 충만한 은혜로 채워져야 한다. 즉, 자신이 먼저 "충성되고 지혜있는 종(마25:45)"이 되어 자신이 먼저 세워져야 한다. 그리고 때를 따라 하늘 양식을 나누어 줄 수 있어야 한다. 하나님의 자녀라면 누구든지 예수님의 사역(가르치고, 전도하고, 고치고)에 동역 할 수 있도록 준비(훈련, 단련)되어야 한다. 오직 말씀과 기도(특별히 암송과 은혜)로 성장, 성숙해 가야 한다. 자아(옛 사람)가 날마다 시간 시간마다 순간순간마다 깨어지고 부숴져서 성령님으로 충만히 채워지고 완전(신18:13) 온전(마5:48)에까지 자라가야(고전3:6~7, 엡4:13, 엡4:15) 한다. 즉, 자아(옛사람)는 끊임없이 죽고(비움) 새 사람(하나님의 영, 예수 그리스도의 영 곧 성령님)으로 사는 것(채움)이다. 이 신앙의 잣대(기준)가 되는 성경이 있어서 얼마나 다행이며 얼마나 크나큰 축복인가? 이 성경(말씀)이 없다면 무엇을 근거로 믿으며 무엇을 붙잡을 수 있겠는가? 이 한 권의 성경이 길잡이가 되고 영의 양식이 되고 영원한 생명(영생)이 되어 풍성한 열매를 맺을 수 있도록 사랑하고 묵상하고 암송하고 선포하여 축복의 통로로 쓰임 받기에 부족함이 없도록 반드시 말씀을 마음판에 새기고 또 새겨서(신6:6~7) 풍성히 저장하고(요15:7) 비축하여(엡6:17) 성령의 은혜를 풍성히 받아 누림으로 하나님께 복종(고후10:3~6)하고 순종(히3:18~19)하며 준비되어야 한다.

3장 자아(옛 사람)처리에 눈을 뜨다

처음에는 사람과 대면하여 직접 대화하듯 아주 뚜렷하고 큰 음성(물론 마음 속 내면의 울림)으로 주신 20여 구절의 말씀 중 "오직 성령이 너희에게 임하시면 너희가 권능을 받고 예루살렘과 온

유대와 사마리아와 땅 끝까지 이르러 내 증인이 되리라(행1:8)"는 말씀을 끝으로 훨씬 희미하고 작은 음성의 수 많은 말씀들로 훨씬 긴 세월의 인도와 양육을 받으며 지금까지 달려왔다. 이제 돌고 돌아서 다시 이 말씀(행1:8)으로까지 특별히 말씀(히4:12)과 암송(신6:6~7), 기름부음(요일2:27) 그리고 사랑(요일4:16, 롬5:8)과 함께 자아(옛 사람)의 죽음(롬6:6~7, 마16:24, 갈2:20)에 이르는 여정의 착하고 충성된 종(마25:23)의 말씀을 이루기까지의 자아(옛 사람) 처리는 필수이다. 그러기 위하여는 또한 이러한 말씀의 패턴이 연결되어졌다. "마16:24, 롬6:10~11, 갈2:19, 고전15:55~57" 이렇게 훈련하시고 단련하셔서 키워주시고 양육하여 주신 성삼위 하나님께 무한한 감사와 찬양과 존귀를 올려드립니다.

4장 말씀으로 인도(양육, 단련)하시고 이루시는 하나님

아이엠 에프(IMF) 경제위기 때에 모 전문대학 경비로 일하게 되었다. 그 때부터 본격적으로 말씀을 암송하기(신6:6~7)로 작정했다. 처음 "롬5:8절"을 암송하는데 쉽게 되지 않았다. 그러나 반복 또 반복했고 새벽기도 시간에 일반적인 간구기도 외에 말씀을 암송(선포)하는 기도를 드렸더니 정말 많은 은혜를 부어주셨고 재미있고 즐거웠다. 순찰 때에나 대기 시간에나 언제 어디서나 할 수 있는 기도(살전5:17)가 되었다. 누가 시키지 않았지만 말씀 암송 자체가 기도가 되었으며 또한 맛있고 달았다.(시119:103) 그러던 어느 날부터 말씀으로 인도하시기 시작했다. 시간이 좀 지나면서 기도하고 은혜 받고 하나님께 더 가까이 나아가기 위해 애쓰다 보니 어느새 "그 말씀이 응하였다" 하시며 말씀하시는 것이 아닌가. 그리고 또 다른 말씀으로 인도하시고 어느 날은 또 "그 말씀이 이루어졌느니라" 하고 말씀하셨다. 그리고 또 다른 말씀을 주시면서 "이 말씀이 너를 이끌 것이다" 하시고 또 어느 날에 "그 말씀이 이루어졌느니라" 하시면서 계속적으로 새로운 말씀에서 또 다른 말씀으로 이어가시면서 "명령(시147:15), 따름(창12:4), 가르침(요일2:27), 응함(시105:8~19)"의 패턴으로 양육(딛2:11~14)하시고 자라게(고전3:6~7) 하셨다. 성경을 읽는 것이 무엇보다 중요하지만 읽는 것만으로는 최상이 될 수 없다. 또 쓰기도 하고 암송도 한다면 더욱 더 큰 은혜를 체험할 것이다. 그렇게 애쓰는 것을 보시면 더욱 불쌍히 여기셔서 긍휼을 베풀어 주실 것이고 또한 기뻐하시사 각 사람에게 가장 필요하고 가장 알맞는 핵심 구절(말씀)들을 각자에게 맞게 또한 맞는 때에 계속적으로 알려주실 수도 있을 것이다. 우리에게 "자유의지"를 주신 것은 "네가 힘써 구하고 찾고 두드리라(마7:7~8)"는 것이다. 로봇 같이 억지로 끌고 가시는 것이 아니라 우리에게 주신 자유의지를 존중하시고 귀중히 여기셔서 일단 시작할 수 있도록 길을 열어주신다는 것이다. 나 자신이 은혜로 받은 "삼위일체의 하나님" "영적성장의 3단계" "육신(율법)에서 성령(은혜)으로" "복종, 대적, 순종, 행함" 같이 말이다. 우리 각자가 어떤 일을 계획하고 도전할 때 만약 하나님의 뜻이 아니면 어렵게 되고 전진하지 못할 수도 있을 것이다. 그것도 당장이 아닐 때에는 한참 동안 모를 수도 있을 것이다. 나 자신이 하나님의 뜻이 아닌 것을 붙들고 오랫동안 그리고 무한한 열정으로 씨름하며 밀어붙인 것처럼 말이다. 자신이 생각하기에 시간만 낭비하였다고 자책할지 모르겠지만 하나님께서는 어떠한 어려운 일(모든 일)도 합력하여 선(롬8:28)으로 이루어 내신다. 이 얼마나 놀랍고 크신 하나님의 은혜인가? 다만 내 길을 맡기고(시37:5) 아버지 하나님의 뜻대로 열어달라고 기도드리면서 나아간다면 머지않아 좋은 결과로 전환될 것이다. 많이 우려되는 것은 하나님께서 부르시고 구원(엡2:8)을 베푸셨으니 이제 가만히 있어도 저절로 끝까지 인도하시고 천국 입성까지 이미 확증되었다고 생각하는가? 하나님 편에서 생각해 보면 확증하시고 싶어하시겠지만 우리의 육체의 소욕(롬8:7)과 마귀의 미혹(벧전5:8~9), 게으름(잠19:15), 등으로 얼마든지 퇴보하고, 뒤처져서, 결국 탈락할 수도 있다는 것이다. 또한 우리에게 부여하신 자유의지를 존중하심으로 강제로 이끌지는 않으실 것이다. 자신이 스스로 고난(빌1:29), 징계(히12:6~8) 즉, 환란(고후4:17)과 함께 연단(욥23:10)의 용광로를 통과하여야만 바른 세움을 받고 또한 나아가 바른 쓰임도 받을 수 있을 것이다. 그 길을 뛰어넘어 연수만 챙기고 직분만 논하고 있다면 혹시라도 바울의 회심 전 "열심으로는 교회를 박해하고 율법의 의로는 흠이 없는 자(롬10:2, 빌3:6, 롬10:3)처럼 교회를 어렵게 하는 육신(율법)적 신자로서 자라지 않고 영적 유아기에 계속 머물러 있을 수도 있을 것이다. 이 부분은 백 번을 강조해도 부족할 것이다. 오직 "하나님의 의(롬3:21~22), 열심(고후11:2~3), 만족(고후3:5~6), 뜻(요일2:15~17)"대로 행하는 삶으로 나아가기 위하여 자아처리(역대하7:14, 갈2:20)와 함께 이 하나님의 뜻(말씀)을 행하기 위하여는 새 생명 즉 주님께서 나타나심(롬6:4, 고후4:10, 고후4:11, 빌2:13)이 정도인 것이다. 부디 환란은 인내를 인내는 연단을 연단은 소망을 이루는 길(롬5:3~4)로 담대히 힘써 싸워나가시길 권면드린다. 즉, "나의 의가 아닌 하나님의 의"로 시작하여 "자아가 처리되고" 또한 "내가 행하는 것이 아닌 내 안에서 하나님이 행하시는(빌2:13)" 곧, 그리하여 "그러나 무엇이든지 내게 유익하던 것을 내가 그리스도를 위하여 다 해로 여길뿐더러 또한 모든 것을 해로 여김은 내 주 그리스도 예수를 아는 지식이 가장 고상하기 때문이라 내가 그를 위하여 모든 것을 잃어버리고 배설물로 여김은 그리스도를 얻고 그 안에서 발견되려 함이니 내가 가진 의는 율법에서 난 것이 아니요 오직 그리스도를 믿음으로 말미암은 것이니 곧 믿음으로 하나님께로부터 난 의라(빌3:7~9), 내가 그리스도와 그 부활의 권능과 그 고난에 참여함을 알고자 하여 그의 죽으심을 본받아 어떻게 해서든지 죽은 자 가운데서 부활에 이르려 하노니 내가 이미 얻었다 함도 아니요 온전히 이루었다 함도 아니라 오직 내가 그리스도 예수께 잡힌 바 된 그것을 잡으려고 달려가노라(빌3:10~12), 형제들아 나는 아직 내가 잡은 줄로 여기지 아니하고 오직 한 일 즉 뒤에 있는 것은 잊어버리고 앞에 있는 것을 잡으려고 푯대를 향하여 그리스도 예수 안에서 하나님이 위에서 부르신 부름의 상을 위하여 달려가노라(빌3:13~14)" 까지의 말씀을 읽고, 묵상하고, 암송하고, 선포하며, 예수 사랑(자랑, 흔적)만 나타내는 삶으로 세상을 이기는 저와 여러분들이 되기 위하여 오늘도 "오직 한 일 즉 뒤에 있는 것은 잊어버리고 앞에 있는 것을 잡으려고 푯대를 향하여 그리스도 예수 안에서 하나님이 위에서 부르신 부름의 상을 위하여 달리고 또 달리며 힘차게 전진 또 전진하시는 우리 모두가 됩시다." 할렐루야!

3부

말씀 기도 선포

3부 말씀 기도 선포

1장 맡김(자유)

또 그 이후 어느 날 새벽기도 중에 "그러나 죄가 기회를 타서 계명으로 말미암아 내 속에서 온갖 탐심을 이루었나니 이는 율법이 없으면 죄가 죽은 것임이라(롬8:7)"는 말씀을 내 마음에 생각나게 해 주셨다. 바로 또 이어 "나 같은 죄인 살리신" 찬송을 환상으로 보여 주셨다. 그 이후 모든 묶임에서 풀려났고 날아 갈 듯 기뻤고 우리 아버지의 그 크고 한량없는 사랑과 우리 주님의 그 크신 은혜로 말미암아 기쁨의 눈물을 참을 수가 없었다. 바로 이어서 내 마음판에 **"율법과 은혜, 행위와 믿음, 육신과 성령"** 이렇게 정리되어지는 것이 아닌가? 이때서야 비로소 진정 "육신(율법)에서 성령(은혜)"으로 주님 안에서 진정한 자유와 기쁨을 누리는 기적 같은 순간이었다. 그때 나는 내 입에서 이런 고백의 기도가 나왔다. 난 이제부터 하나님 아버지를 하나님 아빠라고 부르겠어요. "내가 사랑하는 나의 여호와 하나님 아빠! 난 여호와 하나님 아빠가 좋아요! 여호와 하나님 아빠 사랑해요! 여호와 하나님 아빠 감사해요! 여호와 하나님 아빠 고마워요!"라고 고백했는데 지금도 개인기도 끝에는 늘 이 "사랑 고백의 기도"를 올려드리곤 한다. "이 원리를 성령님의 인도로 확실하게 위의 여섯 말씀으로 정리해 주시지 않으셨다면 얼마나 더 먼 길로 돌고 또 돌아 광야 40년 길(신8:2)을 가고 있지 않았을까?" 하면서, 또한 "이 얼마나 신나는 일이며 크나큰 축복인가? 이 세상에서 이만한 성공이 어디 있겠는가? 하며 정말 좋아하고 즐거워했다." 그러나 한편으로는 이제부터 신앙의 긴 여정에서 끊임없는 내면의 갈등이 또 다시 시작되었다. 육신의 율법과 성령의 은혜가 즉, 혼과 영이 내 속(안)에서 서로 대적하며 싸우는(갈5:17) 형국이 되었다. 이때 나는 육신의 자아(옛 사람)를 방치하지 말고 혹독하게 다루어야 한다는 것을 알았다. 그것을 대항하라(롬7:15)는 것이 아니라 주님과 함께 내 자아(옛 사람)가 날마다(마16:24) 시간시간마다 순간순간마다 십자가에 달려서 깨어지고 부숴지고 가루가 되어(갈2:20) 없어져야 한다는 것이다. 스스로는 이길 수 없었다. 언제나 주님과 함께라면 이길 수 있다. 그래서 늘 성령님과 동행하는 삶(롬8:14)을 살아야 뒤로 물러가지 않는 믿음(히10:38~39)을 지킬 수 있다.(*특별히 갈라디아서2:20절 말씀을 자주 암송하면 좋을 것이다. 아니 이참에 아예 일만 번 암송에 도전해보시라. 특별한 개인 체험이라 딱히 공개할 수는 없지만 좋은 경험과 큰 유익이 따를 것이다. 시간은 42시간 정도 걸릴 것이다.) 주님과 함께 날마다 시간 시간마다 순간 순간마다 싸워서 이기고 승리하며 전진 또 전진하여 두렵고 떨림으로 구원을 이루어야(빌2:12) 할 것이다. 그리하여 이제 자아(옛 사람)가 처리되고 나면 말씀과 성령이 그 자아가 처리된 통로를 통하여 일하실 것이다. 이제 내가 일하는 것이 아니라 내 안에 계신 주님께서 친히 일하실(빌2:13) 것이다. 그래서 내 안의 자아(옛 사람) 처리는 신앙 여정의 필수인 것이다. 그러나 이것은 어렵고도 먼 길이어서 누구나가 가기 싫어한다. 이래서 구원 받은 많은 성도님들이 영적 유아기에 계속 머물러 있을 수 밖에 없는 것이다. "그야말로 마음은 원이로되 육신이 약하도다"인 것이다. 그러나 우리가 그리스도와 함께 영광을 받기 위하여는 고난도 함께 받는 것(롬8:16~17)이 정도인 것이다. 늘 은혜 가운데 받는 훈련은 행복하다. 그러므로 우리는 매일 성령님과 동행하며 은혜(엡2:8, 고전15:10)를 받아야 살(롬1:17) 수 있다. 그래서 은혜 없는 신앙생활은 그저 밋밋할 수 밖에 없을 것이다. 그야말로 광야 40년이다. 많은 훈련 즉, 환란과 인내와 연단(욥23:10)을 통과하여 가나안 땅에 들어가야 한다. 그러나 거기에도 이미 가나안 일곱 족속이 터를 잡고 버티고 있다. 그들은 다른 신들(우상)을 섬기는 자들이므로 또 함께 살 수도 없는 것이다. 하나님께서 진멸하라 하셨으니 신약시대의 영적 이스라엘인 우리는 이 족속(내 자아를 빌미로 미혹하는) 영적 7존재 즉, 7악령(귀신)들의 정체(분노, 혈기, 미움, 시기 또는 질

투, 교만, 두려움, 음란의 영)가 하나님의 집인 내 마음 밭에 숨거나 혹은 내 주위를 배회하고 기웃거리고 엿보는 악령(귀신)들이므로 계속적으로 "대적함으로써 "큰 쇠사슬에 묶고(결박하고) 쫓아내어 저 무저갱에 들어가라" 명령하고 그곳(무저갱)에 가두고 인봉하는 대적기도를 하게 하셨다. 그리하여 복종(고후10:3~6), 대적(벧전5:8~9), 순종(히3:18~19), 행함(약2:22)이 나오게 된 것이다. 그래서 지금 현재 거듭 나서(요3:5) 구원을 받은 지 만18여년이 되었다. 그간 많은 환난을 겪으며 신앙의 여정을 묵묵히 인내로 달려올 수 있었던 것은 우리 아버지 하나님의 무한하신 사랑과 우리 주님의 한량없는 은혜와 성령님의 인도하심의 능력과 힘과 공로였다.

2장 말씀(선포)

등불을 밝히기 위해 등과 기름이 동시에 필요하고 전깃불을 밝히기 위해 전선에 전기가 공급되어야 하듯 이 성령님의 역사가 말씀을 따라 관통할 때에 빛(사60:1)을 발할 것이다. 한쪽만으로도 가능할 것이다. 그러나 미흡할 것이다. 분명하게 성경이 말씀하시길 말씀과 기도(딤전4:5)로 거룩하여짐이라 하지 않았는가? 다음의 원리를 알면 더욱 더 분명해질 것이다. 지금까지 많은 말씀으로 인도하시고 양육하셔서 단련하시고 자라게 하셨지만 나 자신의 강력한 의지도 동원했다. 그러나 이것도 하나님의 도우심이 없이는 끝까지 인내하며 달려갈 수 없다. 그래서 구원의 길은 은혜(엡2:8~9)에서 은혜(고전15:10)로 이어가듯 또한 믿음은 "믿음으로 믿음(롬1:17)에"로 결론 되어진다. 이 신앙의 여정 즉, 믿음 안에 순종(히3:18~19)도 있고 행함(약2:22)도 있다. 그리하여야 신앙의 긴 여정(약1:4)에서 대적(벧전5:7~8)과 싸울 수 있고 또 이길(계3:21) 수 있을 것이다. 또 우리의 씨름은 혈과 육을 상대하는 것이 아니요(엡6:12)라 하지 않았는가? 오직 하나님(성령)께서 함께하셔서 이기게 해 주셔야 적들과의 영적 전쟁에서 승리자가 될 수 있다. 또 무엇으로 저들을 제압할 수 있겠는가? 말씀을 선포(벧전2:9)하는 것이다. 처음 마태복음부터 요한계시록까지 신약을 한 번 읽었을 때 주셨던 기름부음(요일2:27)과 처음 구약을 한 번 읽었을 때 주셨던 여호와의 말씀(창12:4)을 마음판에 새김으로 요동하지 않았고 확고부동한 반석이 되어 이후 주시는 영(말씀과 성령)의 양식을 풍성히 마음껏 받아 먹으며 시련과 어려움 가운데서도 즐거워하고 기뻐할 수 있었다. 주신 말씀을 끊임없이 기록하고 쓰고 또 쓰기를 반복하고, 암송하며 즐거워했고, 또 기도하고 찬송하며 기쁨으로 달려온 것이 만 18여 년이다. 이제 이 한 권의 책을 쓸 수 있도록 허락해주셨다.

3장 너희 안에서 행하시는 이는 하나님이시니

말씀을 붙잡고 성령님께 도움을 구하면 전진할 수 있다. 아니 엉뚱한 길로 가는 것이 더 어려울 수도 있다. 그것은 그 길이 사망의 길(롬8:7)이기 때문이다. 때로는 마귀의 방해와 공작으로 주춤거릴 때도 있을 것이다. 말씀(선포)과 기도(성령)로 대적하며 꾸준히 나아간다면 천천히 그리고 조금씩 성장하고 성숙해져서 끝내는 그리스도의 장성한 분량이 충만한 데까지 이를(엡4:13) 것이다. 많은 부분 우리는 환경을 통하여 훈련 받고 사람을 상대로 훈련 받고 주님(성령님)을 통하여 자라게 된다. 어떻게 그렇게 될 수 있느냐고? 그렇다. 스스로 결론을 내리지 마시라. 먼저 말씀으로 인도하실 것이다. 그리고 그 부분으로 기도하게 하실 것이다. 한참 머무를 수도 있다. 또 다른 말씀으로 이끄실 것이다. 그리하여 나를 통하여 주님께서 친히 일하시겠다(빌2:13)는 것이다. 먼저 돌이키고(역대하7:14), 엎드리고(갈2:20), 기름부음(요일2:27)으로 채우는(엡5:18) 과정이 있어야 통로가 되지 않겠는가? 내가 내 자아(옛사람)로 꽉 차 있다면 육신(율법)의 일을 할 수밖에 없다. 성령(은혜)으로 꽉 차 있어야 주님께서 친히 나타나셔서 일하시고, 친히 영광 받으시지 않겠는가? 이 말은 내 자아(옛사람)을 쳐서 깨뜨려 복종시키는 훈련(역대하7:14, 갈2:20)이 먼저이다. 이것이 문제요 대적의 은신처가 되고 밥이 되는 것이다. 스스로는 할 수 없다. 그러나 하나님은 전능하시고 하나님은 하실 수 있다. 내 힘으로는 내 능력으로는 할 수 없으되 오직 하나님(성령)(슥4:6, 행2:1~4)께서는 하실 수 있다. 이 과정은 심히 어렵고 험난하다. 오랜 시간과 발버둥침이 필요하다. 혀를 내두를 것이다. 무쇠같이 그토록 견고하다. 난공 불락과도 같다. 그러나 하나님께서 다루시면(벧전5:6) 흰 눈 녹듯 녹아질 것이다. 그럼 그러는 당신은 통과하였는가? 아니다. 그러나 그 간절함을 보시고, 애쓰고 힘쓰는 것을 보시고, 이렇게 위로하시는 듯 했다. "사랑하는 아들아 애썼다. 그래 분량(순도)이 아직은 차지 않았고 이르지 못했지만 애썼다. 잘했다. 계속 나와 함께 앞으로 전진하며 싸워 나아가자. 이제 남은 것은 내가 이루리라. 내가 채우리라." "이르시기를 너희는 가만히 있어 내가 하나님 됨을 알지어다 내가 뭇 나라 중에서 높임을 받으리라 내가 세계 중에서 높임을 받으리라 하시도다(시46:10), 너희는 이제 가만히 서서 여호와께서 너희 목전에서 행하시는 이 큰 일을 보라(삼상12:16)" 하시는 것처럼 말이다. 할렐루야! 할렐루야! 할렐루야! 모든 영광을 성삼위 하나님께 올려드립니다.

4장 지피지기(知彼知己)면 백전백승(百戰百勝)이라

(적들의 존재를 먼저 알아야 대비하고 또 이길 수 있다)

용(옛 뱀, 마귀, 사단), 악령, 귀신들의 존재를 분명히 인식하고(천지창조 이전에 이미 무저갱에 떨어져 있었음, 사14:12~15), 우리 한 사람 한 사람의 마음(눅17:20~21)을 밭(집)(고전3:9)으로 삼고 계신 하나님(삼위일체)을 알고, 말씀(히4:12)과 기도(살전5:17)로 나아가되, 날마다 충만한 은혜를 받아, 날마다 자기를 부인하고, 자기 십자가를 지고, 주님을 따름(마16:24)으로 자아(옛사람)가 날마다 시간 시간마다 순간 순간마다 깨어지고 부숴져서 가루가 되어 처리되고, 하나님 사랑(마22:37~38)이 우리

(나)를 통하여 이웃 사랑(마22:39~40) 으로 나타나는 축복의 통로가 되기 위하여, 믿음의 신앙 여정은 곧 처음부터 도둑질하고 죽이고 멸망시키려는(요10:10) 도둑(강도 즉, 마귀)과 그 졸개들(악령, 귀신들)과의 영적 전쟁(벧전5:8~9)임을 깨닫고 철저히 대비하고 훈련하며 깨어 전진함은 물론 싸워서 이기고(계3:21) 승리하는 성도가 되기 위하여 반드시 하나님의 전신갑주를 입고(엡6:11), 성령의 검 곧 하나님의 말씀을 가지고(엡6:17), 영적 성장의 3단계(요일2:14)를 따라 끊임없이 말씀과 기도(딤전4:5)로 나아가되 다음의 원리를 따라간다면 정말 큰 도움이 될 것이며 "긴 신앙 여정의 좋은 길잡이"가 되리라 믿는다. **"인내를 온전히 이루라 이는 너희로 온전하고 구비하여 조금도 부족함이 없게 하려 함이라(약1:4)"** 할렐루야!

4부

물(말씀)과 성령

4부 물(말씀)과 성령

1장 물과 성령

1) 천국 중매(롬4:25, 요3:18, 마16:19, 고후11:2~3)

@예수는 우리가 범죄한 것 때문에 내줌이 되고 또한 우리를 의롭다 하시기 위하여 살아나셨느니라(롬4:25)

@그(예수 그리스도)를 믿는 자는 심판(정죄)을 받지 아니하는 것이요 믿지 아니하는 자는 하나님의 독생자의 이름을 믿지 아니하므로 벌써 심판(정죄)을 받은 것이니라(요3:18)

@내가 천국 열쇠를 네게 주리니 네가 땅에서 무엇이든지 매면 하늘에서도 매일 것이요 네가 땅에서 무엇이든지 풀면 하늘에서도 풀리리라 하시고(마16:19)

@내가 하나님의 열심으로 너희를 위하여 열심을 내노니 내가 너희를 정결한 처녀로 한 남편인 그리스도께 드리려고 중매함이로다 그러나 나는 뱀이 그 간계로 하와를 미혹한 것 같이 너희 마음이 그리스도를 향하는 진실함과 깨끗함에서 떠나 부패할까 두려워하노라(고후11:2~3)

2) 구원은 믿음으로(딤전2:4, 행16:31, 롬10:9, 롬10:10)

@하나님은 모든 사람이 구원을 받으며 진리를 아는 데에 이르기를 원하시느니라(딤전2:4)

@이르되 주 예수를 믿으라 그리하면 너와 네 집이 구원을 받으리라 하고(행16:31)

@네가 만일 네 입으로 예수를 주로 시인하며 또 하나님께서 그를 죽은 자 가운데서 살리신 것을 네 마음에 믿으면 구원을 받으리라(롬10:9)

@사람이 마음으로 믿어 의에 이르고 입으로 시인하여 구원에 이르느니라(롬10:10)

3) 믿음은 들음에서(롬10:17, 행2:1~4, 고후4:3~4, 요1:12)

@그러므로 믿음은 들음에서 나며 들음은 그리스도의 말씀으로 말미암았느니라(롬10:17)

@오순절 날이 이미 이르매 그들이 다 같이 한곳에 모였더니 홀연히 하늘로부터 급하고 강한 바람 같은 소리가 있어 그들이 앉은 온 집에 가득하며 마치 불의 혀처럼 갈라지는 것들이 그들에게 보여 각 사람 위에 하나씩 임하여 있더니 그들이 다 성령의 충만함을 받고 성령이 말하게 하심을 따라 다른 언어들로 말하기를 시작하니라(행2:1~4)

@만일 우리의 복음이 가리었으면 망하는 자들에게 가리어진 것이라 그 중에 이 세상의 신이 믿지 아니하는 자들의 마음을 혼미하게 하여 그리스도의 영광의 복음의 광채가 비치지 못하게 함이니 그리스도는 하나님의 형상이니라(고후4:3~4)

@영접하는 자 곧 그 이름을 믿는 자들에게는 하나님의 자녀가 되는 권세를 주셨으니(요1:12)

4) 물(말씀)과 성령(요3:5, 벧전1:23, 고후1:21~22, 눅4:18~19)

@예수께서 대답하시되 진실로 진실로 네게 이르노니 사람이 물과 성령으로 나지 아니하면 하나님의 나라에 들어갈 수 없느니라(요3:5)

@너희가 거듭난 것은 썩어질 씨로 된 것이 아니요 썩지 아니할 씨로 된 것이니 살아있고 항상 있는 하나님의 말씀으로 되었느니라(벧전1:23)

@우리를 너희와 함께 그리스도 안에서 굳건하게 하시고 우리에게 기름을 부으신 이는 하나님이시니 그가 또한 우리에게 인치시고 보증으로 우리 마음에 성령을 주셨느니라(고후:21~22)

@주의 성령이 내게 임하셨으니 이는 가난한 자에게 복음을 전하게 하시려고 내게 기름을 부으시고 나를 보내사 포로된 자에게 자유를 눈 먼 자에게 다시 보게함을 전파하며 눌린 자를 자유롭

게 하고 주의 은혜의 해를 전파하게 하려 하심이라 하였더라(눅 4:18~19)

5) 하나님의 선물(눅17:20~21, 요5:24, 엡2:8~9, 잠4:23)

@바리새인들이 하나님의 나라가 어느 때에 임하나이까 묻거늘 예수께서 대답하여 이르시되 하나님의 나라는 볼 수 있게 임하는 것이 아니요 또 여기 있다 저기 있다고도 못하리니 하나님의 나라는 너희 안에 있느니라(눅17:20~21)

@내가 진실로 진실로 너희에게 이르노니 내 말을 듣고 또 나 보내신 이를 믿는 자는 영생을 얻었고 심판에 이르지 아니하나니 사망에서 생명으로 옮겼느니라(요5:24)

@너희는 그 은혜에 의하여 믿음으로 말미암아 구원을 받았으니 이것은 너희에게서 난 것이 아니요 하나님의 선물이라 행위에서 난 것이 아니니 이는 누구든지 자랑하지 못하게 함이라(엡2:8~9)

@모든 지킬만한 것 중에 더욱 네 마음을 지키라 생명의 근원이 이에서 남이니라(잠4:23)

2장 하나님 사랑

1) 사랑으로써 역사하는 믿음(요일4:10, 요일4:16, 마22:37~38, 갈5:6)

@사랑은 여기 있으니 우리가 하나님을 사랑한 것이 아니요 하나님이 우리를 사랑하사 우리 죄를 속하기 위하여 화목 제물로 그 아들을 보내셨음이라(요일4:10)

@하나님이 우리를 사랑하시는 사랑을 우리가 알고 믿었노니 하나님은 사랑이시라 사랑 안에 거하는 자는 하나님 안에 거하고 하나님도 그의 안에 거하시느니라(요일4:16)

@예수께서 이르시되 네 마음을 다하고 목숨을 다하고 뜻을 다하여 주 너의 하나님을 사랑하라 하셨으니 이것이 크고 첫째 되는 계명이요(마22:37~38)

@그리스도 예수 안에서는 할례나 무할례나 효력이 없으되 사랑으로써 역사하는 믿음 뿐이니라(갈5:6)

3장 자아(옛 사람) 처리

*자기 의(열심) (롬10:3, 롬10:2)
　@하나님의 의를 모르고 자기 의를 세우려고 힘써 하나님의 의에 복종하지 아니하였느니라(롬10:3)
　@내가 증언하노니 그들이 하나님께 열심이 있으나 올바른 지식을 따른 것이 아니니라(롬10:2)

1) 하나님의 의(열심, 만족, 뜻) (롬3:21~22, 고후11:2~3, 고후3:5~6, 요일2:15~17)

　@그러나 이제는 율법 외에 하나님의 한 의가 나타났으니 율법과 선지자들에게 증거를 받은 것이라 곧 예수 그리스도를 믿음으로 말미암아 모든 믿는 자에게 미치는 하나님의 의니 차별이 없느니라(롬3:21~22)
　@내가 하나님의 열심으로 너희를 위하여 열심을 내노니 내가 너희를 정결한 처녀로 한 남편인 그리스도께 드리려고 중매함이로다 그러나 나는 뱀이 그 간계로 하와를 미혹한 것 같이 너희 마음이 그리스도를 향하는 진실함과 깨끗함에서 떠나 부패할까 두려워하노라(고후11:2~3)
　@우리가 무슨 일이든지 우리에게서 난 것 같이 스스로 만족할 것이 아니니 우리의 만족은 오직 하나님으로부터 나느니라 그가 또한 우리를 새 언약의 일꾼 되기에 만족하게 하셨으니 율법 조문으로 하지 아니하고 오직 영으로 함이니 율법 조문은 죽이는 것이요 영은 살리는 것이니라(고후3:5~6)
　@이 세상이나 세상에 있는 것들을 사랑하지 말라 누구든지 세상을 사랑하면 아버지의 사랑이 그 안에 있지 아니하니 이는 세상에 있는 모든 것이 육신의 정욕과 안목의 정욕과 이생의 자랑이니 다 아버지께로부터 온 것이 아니요 세상으로부터 온 것이라 이 세상도 그 정욕도 지나가되 오직 하나님의 뜻을 행하는 자는 영원히 거하느니라(요일2:15~17)

*육체의 소욕과 성령 (갈5:17, 롬8:13~14)
  @육체의 소욕은 성령을 거스르고 성령은 육체를 거스르나니 이 둘이 서로 대적함으로 너희가 원하는 것을 하지 못하게 하려 함이니라(갈5:17)
  @너희가 육신대로 살면 반드시 죽을 것이로되 영으로써 몸의 행실을 죽이면 살리니 무릇 하나님의 영으로 인도함을 받는 사람은 곧 하나님의 아들이라(롬8:13~14)

2) 말씀과 기도 (시147:15, 창12:4, 요일2:27, 시105:18~19)
  @그의 명령을 땅에 보내시니 그의 말씀이 속히 달리는도다(시147:15)
  @이에 아브람이 여호와의 말씀을 따라갔고 롯도 그와 함께 갔으며 아브람이 하란을 떠날 때에 칠십오 세였더라(창12:4)
  @너희는 주께 받은바 기름부음이 너희 안에 거하나니 아무도 너희를 가르칠 필요가 없고 오직 그의 기름부음이 모든 것을 너희에게 가르치며 또 참되고 거짓이 없으니 너희를 가르치신 그대로 주 안에 거하라(요일2:27)
  @그의 발은 차꼬를 차고 그의 몸은 쇠사슬에 매였으니 곧 여호와의 말씀이 응할 때까지라 그의 말씀이 그를 단련하였도다(시105:18~19)

3) 자아 처리(마16:24, 롬6:10~11, 갈2:19, 고전15:55~57)
  @이에 예수께서 제자들에게 이르시되 누구든지 나를 따라오려거든 자기를 부인하고 자기 십자가를 지고 나를 따를 것이니라(마16:24)
  @그가 죽으심은 죄에 대하여 단번에 죽으심이요 그가 살아 계심은 하나님께 대하여 살아 계심이니 이와 같이 너희도 너희 자신을 죄에 대하여는 죽은 자요 그리스도 예수 안에서 하나님께 대하여는 살아있는 자로 여길지어다(롬6:10~11)
  @내가 율법으로 말미암아 율법에 대하여 죽었나니 이는 하나님에 대하여 살려 함이라(갈2:19)
  @사망아 너의 승리가 어디 있느냐 사망아 네가 쏘는 것이 어디

있느냐 사망이 쏘는 것은 죄요 죄의 권능은 율법이라 우리 주 예수 그리스도로 말미암아 우리에게 승리를 주시는 하나님께 감사하노니(고전15:55~57)

4) 행하시는 이는 하나님이시니 (롬6:4, 고후4:10, 고후4:11, 빌2:13)

@그러므로 우리가 그의 죽으심과 합하여 세례를 받음으로 그와 함께 장사되었나니 이는 아버지의 영광으로 말미암아 그리스도를 죽은 자 가운데서 살리심과 같이 우리로 또한 새 생명 가운데서 행하게 하려 함이라(롬6:4)

@우리가 항상 예수의 죽음을 몸에 짊어짐은 예수의 생명이 또한 우리 몸에 나타나게 하려 함이라(고후4:10)

@우리 살아 있는 자가 항상 예수를 위하여 죽음에 넘겨짐은 예수의 생명이 또한 우리 죽을 육체에 나타나게 하려 함이라(고후4:11)

@너희 안에서 행하시는 이는 하나님이시니 자기의 기쁘신 뜻을 위하여 너희에게 소원을 두고 행하게 하시나니(빌2:13)

4장 이웃 사랑(서로 사랑, 믿음에서 나오는 사랑)

1) 서로 사랑 (요일4:7~8, 요일4:11, 요일4:12, 골3:13~14)

@사랑하는 자들아 우리가 서로 사랑하자 사랑은 하나님께 속한 것이니 사랑하는 자마다 하나님으로부터 나서 하나님을 알고 사랑하지 아니하는 자는 하나님을 알지 못하나니 이는 하나님은 사랑이심이라(요일4:7~8)

@사랑하는 자들아 하나님이 이같이 우리를 사랑하셨은즉 우리도 서로 사랑하는 것이 마땅하도다(요일4:11)

@어느 때나 하나님을 본 사람이 없으되 만일 우리가 서로 사랑하면 하나님이 우리 안에 거하시고 그의 사랑이 우리 안에 온전히 이루어지느니라(요일4:12)

@누가 누구에게 불만이 있거든 서로 용납하여 피차 용서하되 주

께서 너희를 용서하신 것 같이 너희도 그리하고 이 모든 것 위에 사랑을 더하라 이는 온전하게 매는 띠니라(골3:13~14)

2) 믿음에서 나오는 사랑 (고전13:2, 고전13:4~7, 마22:39~40, 딤전1:5)
 @내가 예언하는 능력이 있어 모든 비밀과 모든 지식을 알고 또 산을 옮길만한 모든 믿음이 있을지라도 사랑이 없으면 내가 아무 것도 아니요(고전13:2)
 @사랑은 오래참고 사랑은 온유하며 시기하지 아니하며 사랑은 자랑하지 아니하며 교만하지 아니하며 무례히 행하지 아니하며 자기의 유익을 구하지 아니하며 성내지 아니하며 악한 것을 생각하지 아니하며 불의를 기뻐하지 아니하며 진리와 함께 기뻐하고 모든 것을 참으며 모든 것을 믿으며 모든 것을 바라며 모든 것을 견디느니라(고전13:4~7)
 @둘째도 그와 같으니 네 이웃을 네 자신같이 사랑하라 하셨으니 이 두 계명이 온 율법과 선지자의 강령이니라(마22:39~40)
 @이 교훈의 목적은 청결한 마음과 선한 양심과 거짓이 없는 믿음에서 나오는 사랑이거늘(딤전1:5)

5부

영적 성장의 3단계

5부 영적 성장의 3단계

1장 하나님(만왕의 왕, 만주의 주)의 삼위 일체
1) 성부(여호와) : 창조주(계획), 마16:17(사42:8) : 창1:1(마1:21) *사43:11
2) 성자(예수 그리스도) : 구원자(성취), 요일5:20(요14:6) : 행4:12(눅2:11) *행5:30~31
3) 성령(보혜사) : 인도자(역사), 행10:19~20(요14:26) : 롬8:14(행2:1~4) *롬8:9

1) 마16:17(사42:8) : 창1:1(마1:21) *사43:11
@예수께서 대답하여 이르시되 바요나 시몬아 네가 복이 있도다 이를 네게 알게 한 이는 혈육이 아니요 하늘에 계신 내 아버지시니라(마16:17)
@나는 여호와이니 이는 내 이름이라 나는 내 영광을 다른 자에게 내 찬송을 우상에게 주지 아니하리라(사42:8)
@태초에 하나님이 천지를 창조하시니라(창1:1)
@아들을 낳으리니 이름을 예수라 하라 이는 그가 자기 백성을 그들의 죄에서 구원할 자이심이라 하니라(마1:21)
*나 곧 나는 여호와라 나 외에 구원자가 없느니라(사43:11)

2) 요일5:20(요14:6) : 행4:12(눅2:11) *행5:30~31
@또 아는 것은 하나님의 아들이 이르러 우리에게 지각을 주사 우리로 참된 자를 알게 하신 것과 또한 우리가 참된 자 곧 그의 아들 예수 그리스도 안에 있는 것이니 그는 참 하나님이시요 영생이시라(요일5:20)
@예수께서 이르시되 내가 곧 길이요 진리요 생명이니 나로 말미암지 않고는 아버지께로 올 자가 없느니라(요14:6)
@다른 이로써는 구원을 받을 수 없나니 천하 사람 중에 구원을 받

을만한 다른 이름을 우리에게 주신 일이 없음이라 하였더라(행4:12)
　@오늘 다윗의 동네에 너희를 위하여 구주가 나셨으니 곧 그리스도 주시니라(눅2:11)
　*너희가 나무에 달아 죽인 예수를 우리 조상의 하나님이 살리시고 이스라엘에게 회개함과 죄사함을 주시려고 그를 오른손으로 높이사 임금과 구주로 삼으셨느니라(행5:30~31)

3) 행10:19~20(요14:26) : 롬8:14(행2:1~4) *롬8:9

　@베드로가 그 환상에 대하여 생각할 때에 성령께서 그에게 말씀하시되 두 사람이 너를 찾으니 일어나 내려가 의심하지 말고 함께 가라 내가 그들을 보내었느니라 하시니(행10:19~20)
　@보혜사 곧 아버지께서 내 이름으로 보내실 성령 그가 너희에게 모든 것을 가르치고 내가 너희에게 말한 모든 것을 생각나게 하리라(요14:26)
　@무릇 하나님의 영으로 인도함을 받는 사람은 곧 하나님의 아들이라(롬8:14)
　@오순절 날이 이미 이르매 그들이 다 같이 한 곳에 모였더니 홀연히 하늘로부터 급하고 강한 바람 같은 소리가 있어 그들이 앉은 온 집에 가득하며 마치 불의 혀처럼 갈라지는 것들이 그들에게 보여 각 사람 위에 하나씩 임하여 있더니 그들이 다 성령의 충만함을 받고 성령이 말하게 하심을 따라 다른 언어들로 말하기를 시작하니라(행2:1~4)
　*만일 너희 속에 하나님의 영이 거하시면 너희가 육신에 있지 아니하고 영에 있나니 누구든지 그리스도의 영이 없으면 그리스도의 사람이 아니라(롬8:9)

2장 영적 성장의 3단계(기본, 확대)

1) 영적 유아기(기본) : 예수, 믿음, 영접, 구원, *증인,
롬4:25, 롬10:9, 요1:12, 엡2:8, *행1:8
@예수는 우리가 범죄한 것 때문에 내줌이 되고 또한 우리를 의롭다 하시기 위하여 살아나셨느니라(롬4:25)
@네가 만일 네 입으로 예수를 주로 시인하며 또 하나님께서 그를 죽은 자 가운데서 살리신 것을 네 마음에 믿으면 구원을 받으리라(롬10:9)
@영접하는 자 곧 그 이름을 믿는 자들에게는 하나님의 자녀가 되는 권세를 주셨으니(요1:12)
@너희는 그 은혜에 의하여 믿음으로 말미암아 구원을 받았으니 이것은 너희에게서 난 것이 아니요 하나님의 선물이라(엡2:8)
*오직 성령이 너희에게 임하시면 너희가 권능을 받고 예루살렘과 온 유대와 사마리아와 땅 끝까지 이르러 내 증인이 되리라 하시니라(행1:8)

2) 영적 청년기(기본) : 사랑, 은혜, 맡김, 자유, *대적
롬5:8, 요1:16, 벧전5:7, 고후3:17, *벧전5:8~9
@우리가 아직 죄인 되었을 때에 그리스도께서 우리를 위하여 죽으심으로 하나님께서 우리에 대한 자기의 사랑을 확증하셨느니라(롬5:8)
@우리가 다 그의 충만한 데서 받으니 은혜 위에 은혜러라(요1:16)
@너희 염려를 다 주께 맡기라 이는 그가 너희를 돌보심이라(벧전5:7)
@주는 영이시니 주의 영이 계신 곳에는 자유가 있느니라(고후3:17)
*근신하라 깨어라 너희 대적 마귀가 우는 사자 같이 두루 다니며 삼킬 자를 찾나니 너희는 믿음을 굳건하게 하여 그를 대적하라 이는 세상에 있는 너희 형제들도 동일한 고난을 당하는 줄을 앎이라(벧전5:8~9)

3) 영적 장년기(기본) : 찬양, 말씀, 기도, 선포, *섬김
시150:6, 히4:12, 살전5:17, 벧전2:9, *마20:28

@호흡이 있는 자마다 여호와를 찬양할지어다 할렐루야(시150:6)

@하나님의 말씀은 살아있고 활력이 있어 좌우에 날선 어떤 검보다도 예리하여 혼과 영과 및 관절과 골수를 찔러 쪼개기까지 하며 또 마음의 생각과 뜻을 판단하나니(히4:12)

@쉬지 말고 기도하라(살전5:17)

@그러나 너희는 택하신 족속이요 왕같은 제사장들이요 거룩한 나라요 그의 소유가 된 백성이니 이는 너희를 어두운 데서 불러내어 그의 기이한 빛에 들어가게 하신 이의 아름다운 덕을 선포하게 하려 하심이라(벧전2:9)

*인자가 온 것은 섬김을 받으려 함이 아니라 도리어 섬기려 하고 자기 목숨을 많은 사람의 대속물로 주려 함이니라(마20:28)

4) 영적 갈등기(확대)
너희는 그 법이 사람이 살 동안만 그를 주관하는 줄 알지 못하느냐, (롬7:1, 롬7:2, 롬7:3, 롬7:4, 롬7:5~6, 고후12:1, 엡1:17, 마11:27, 갈1:11~12, 요10:27)

@형제들아 내가 법 아는 자들에게 말하노니 너희는 그 법이 사람이 살 동안만 그를 주관하는 줄 알지 못하느냐(롬7:1)

@남편 있는 여인이 그 남편 생전에는 법으로 그에게 매인 바 되나 만일 그 남편이 죽으면 남편의 법에서 벗어나느니라(롬7:2)

@그러므로 만일 그 남편 생전에 다른 남자에게 가면 음녀라 그러나 만일 남편이 죽으면 그 법에서 자유롭게 되나니 다른 남자에게 갈지라도 음녀가 되지 아니하느니라(롬7:3)

@그러므로 내 형제들아 너희도 그리스도의 몸으로 말미암아 율법에 대하여 죽임을 당하였으니 이는 다른 이 곧 죽은 자 가운데서 살아나신 이에게 가서 우리가 하나님을 위하여 열매를 맺게 하려 함이라(롬7:4)

@우리가 육신에 있을 때에는 율법으로 말미암는 죄의 정욕이 우리 지체 중에 역사하여 우리로 사망을 위하여 열매를 맺게 하였더니 이제는 우리가 얽매였던 것에 대하여 죽었으므로 율법에서 벗어났으니 이러므로 우리가 영의 새로운 것으로 섬길 것이요 율법 조문의 묵은 것으로 아니할지니라(롬7:5~6)

@무익하나마 내가 부득불 자랑하노니 주의 환상과 계시를 말하리라(고후12:1)

@우리 주 예수 그리스도의 하나님 영광의 아버지께서 지혜와 계시의 영을 너희에게 주사 하나님을 알게 하시고(엡1:17)

@내 아버지께서 모든 것을 내게 주셨으니 아버지 외에는 아들을 아는 자가 없고 아들과 또 아들의 소원대로 계시를 받는 자 외에는 하나님을 아는 자가 없느니라(마11:27)

@형제들아 내가 너희에게 알게하노니 내가 전한 복음은 사람의 뜻을 따라 된 것이 아니니라 이는 내가 사람에게서 받은 것도 아니요 배운 것도 아니요 오직 예수 그리스도의 계시로 말미암은 것이라(갈1:11~12)

@내 양은 내 음성을 들으며 나는 그들을 알며 그들은 나를 따르느니라(요10:27)

5) 영적 성장기(확대)

내가 행하는 것을 내가 알지 못하노니, (롬7:15, 롬7:16~17, 롬7:18, 롬7:21~25, 빌3:6, 롬10:2, 고후11:2~3, 롬10:3, 롬3:23~24, 요일2:14)

@내가 행하는 것을 내가 알지 못하노니 곧 내가 원하는 것은 행하지 아니하고 도리어 미워하는 것을 행함이라(롬7:15)

@만일 내가 원하지 아니하는 그것을 행하면 내가 이로써 율법이 선한 것을 시인하노니, 이제는 그것을 행하는 자가 내가 아니요 내 속에 거하는 죄니라(롬7:16~17)

@내 속 곧 내 육신에 선한 것이 거하지 아니하는 줄을 아노니 원

함은 내게 있으나 선을 행하는 것은 없노라(롬7:18)

@그러므로 내가 한 법을 깨달았노니 곧 선을 행하기 원하는 나에게 악이 함께 있는 것이로다 내 속 사람으로는 하나님의 법을 즐거워하되 내 지체 속에서 한 다른 법이 내 마음의 법과 싸워 내 지체 속에 있는 죄의 법으로 나를 사로잡는 것을 보는도다 오호라 나는 곤고한 사람이로다 이 사망의 몸에서 누가 나를 건져내랴, 우리 주 예수 그리스도로 말미암아 하나님께 감사하리로다 그런즉 내 자신이 마음으로는 하나님의 법을 육신으로는 죄의 법을 섬기노라(롬7:21~25)

@열심으로는 교회를 박해하고 율법의 의로는 흠이 없는 자라 (빌3:6)

@내가 증언하노니 그들이 하나님께 열심히 있으나 올바른 지식을 따른 것이 아니니라(롬10:2)

@내가 하나님의 열심으로 너희를 위하여 열심을 내노니 내가 너희를 정결한 처녀로 한 남편인 그리스도께 드리려고 중매함이로다 그러나 나는 뱀이 그 간계로 하와를 미혹한 것 같이 너희 마음이 그리스도를 향하는 진실함과 깨끗함에서 떠나 부패할까 두려워하노라(고후11:2~3)

@하나님의 의를 모르고 자기 의를 세우려고 힘써 하나님의 의에 복종하지 아니하였느니라(롬10:3)

@모든 사람이 죄를 범하였으매 하나님의 영광에 이르지 못하더니 그리스도 예수 안에 있는 속량으로 말미암아 하나님의 은혜로 값없이 의롭다 하심을 얻은 자 되었느니라(롬3:23~24)

@아이들아 내가 너희에게 쓴 것은 너희가 아버지를 알았음이요 아비들아 내가 너희에게 쓴 것은 너희가 태초부터 계신 이를 알았음이요 청년들아 내가 너희에게 쓴 것은 너희가 강하고 하나님의 말씀이 너희 안에 거하시며 너희가 흉악한 자를 이기었음이라 (요일2:14)

6) 영적 성숙기(확대)

육체의 소욕은 성령을 거스르고 성령은 육체를 거스르나니

(갈5:17, 욥23:10, 신8:2, 고후10:3~6, 신6:6~7, 엡6:17, 엡6:18, 유1:20~21, 벧전5:8~9, 약4:7)

@육체의 소욕은 성령을 거스르고 성령은 육체를 거스르나니 이 둘이 서로 대적함으로 너희가 원하는 것을 하지 못하게 하려 함이니라(갈5:17)

@그러나 나의 가는 길을 그가 아시나니 그가 나를 단련하신 후에는 내가 순금같이 되어 나오리라(욥23:10)

@네 하나님 여호와께서 이 사십 년 동안에 네게 광야 길을 걷게 하신 것을 기억하라 이는 너를 낮추시며 너를 시험하사 네 마음이 어떠한지 그 명령를 지키는지 지키지 않는지 알려 하심이라(신8:2)

@우리가 육신으로 행하나 육신에 따라 싸우지 아니하노니 우리의 싸우는 무기는 육신에 속한 것이 아니요 오직 어떤 견고한 진도 무너뜨리는 하나님의 능력이라 모든 이론을 무너뜨리며 하나님 아는 것을 대적하여 높아진 것을 다 무너뜨리고 모든 생각을 사로잡아 그리스도에게 복종하게 하니 너희의 복종이 온전하게 될 때에 모든 복종하지 않는 것을 벌하려고 준비하는 중에 있느라(고후10:3~6)

@오늘 내가 네게 명하는 이 말씀을 너는 마음에 새기고 네 자녀에게 부지런히 가르치며 집에 앉았을 때에든지 길을 갈 때에든지 누워 있을 때에든지 일어날 때에든지 이 말씀을 강론할 것이며(신6:6~7)

@구원의 투구와 성령의 검 곧 하나님의 말씀을 가지라(엡6:17)

@모든 기도와 간구를 하되 항상 성령 안에서 기도하고 이를 위하여 깨어 구하기를 항상 힘쓰며 여러 성도를 위하여 구하라(엡6:18)

@사랑하는 자들아 너희는 너희의 지극히 거룩한 믿음 위에 자신을 세우며 성령으로 기도하며 하나님의 사랑 안에서 자신을 지키며 영생에 이르도록 우리 주 예수 그리스도의 긍휼을 기다리라(유1:20~21)

@근신하라 깨어라 너희 대적 마귀가 우는 사자 같이 두루 다니며 삼킬 자를 찾나니 너희는 믿음을 굳건하게 하여 그를 대적하라 이는 세상에 있는 너희 형제들도 동일한 고난을 당하는 줄을 앎이라(벧전5:8~9)

@그런즉 너희는 하나님께 복종할지어다 마귀를 대적하라 그리하면 너희를 피하리라(약4:7)

3장 육신(율법)에서 성령(은혜)으로

1) 율법과 은혜 (롬3:20, 롬3:23~24 *롬11:6)

@그러므로 율법의 행위로 그의 앞에 의롭다 하심을 얻을 육체가 없나니 율법으로는 죄를 깨달음이니라(롬3:20)

@모든 사람이 죄를 범하였으매 하나님의 영광에 이르지 못하더니 그리스도 예수 안에 있는 속량으로 말미암아 하나님의 은혜로 값없이 의롭다 하심을 얻은 자 되었느니라(롬3:23~24)

*만일 은혜로 된 것이면 행위로 말미암지 않음이니 그렇지 않으면 은혜가 은혜 되지 못하느니라(롬11:6)

2) 행위와 믿음 (갈3:10, 갈3:11 *롬10:4)

@무릇 율법 행위에 속한 자들은 저주 아래에 있나니 기록된 바 누구든지 율법 책에 기록된 대로 모든 일을 항상 행하지 아니하는 자는 저주 아래에 있는 자라 하였음이라(갈3:10)

@또 하나님 앞에서 아무도 율법으로 말미암아 의롭게 되지 못할 것이 분명하니 이는 의인은 믿음으로 살리라 하였음이라(갈3:11)

*그리스도는 모든 믿는 자에게 의를 이루기 위하여 율법의 마침이 되시니라(롬10:4)

3) 육신과 성령 (롬8:7, 롬8:9 *고후1:21~22)

@육신의 생각은 하나님과 원수가 되나니 이는 하나님의 법에 굴

복하지 아니할 뿐 아니라 할 수도 없음이라(롬8:7)
　@만일 너희 속에 하나님의 영이 거하시면 너희가 육신에 있지 아니하고 영에 있나니 누구든지 그리스도의 영이 없으면 그리스도의 사람이 아니라(롬8:9)
　*우리를 너희와 함께 그리스도 안에서 굳건하게 하시고 우리에게 기름을 부으신 이는 하나님이시니 그가 또한 우리에게 인치시고 보증으로 우리 마음에 성령을 주셨느니라(고후1:21~22)

4장 돌이키라, 엎드려라, 회개와 믿음, 대적의 속임수
*돌이키라(역대하7:14, 13구절)
*엎드려라(갈2:20, 17구절)
*회개와 믿음(행20:21, 1구절)
*대적(지옥의 왕)의 속임수

*돌이키라(역대하7:14, 13구절)
1)내 이름으로 일컫는(사43:7)
2)내 백성이(삼상12:22, 롬9:25, 계18:4)
3)그들의 악한 길에서(겔33:11)
4)떠나(욘3:10)
5)스스로 낮추고(약4:10)
6)기도하여(렘33:3)
7)내 얼굴을 찾으면(시27:8, 시31:16)
8)내가 하늘에서 듣고(렘29:12)
9)그들의 죄를 사하고(시85:2)
10)그들의 땅을 고칠지라(렘3:22)

1) 내 이름으로 일컫는(사43:7)
　@내 이름으로 불려지는 모든 자 곧 내가 내 영광을 위하여 창조한 자를 오게 하라 그를 내가 지었고 그를 내가 만들었느니라(사43:7)

2) 내 백성이(삼상12:22, 롬9:25, 계18:4)

@여호와께서는 너희를 자기 백성으로 삼으신 것을 기뻐하셨으므로 여호와께서는 그의 크신 이름을 위해서라도 자기 백성을 버리지 아니하실 것이요(삼상12:22)

@호세아의 글에도 이르기를 내가 내 백성 아닌 자를 내 백성이라 사랑하지 아니한 자를 사랑한 자라 부르리라(롬9:25)

@또 내가 들으니 하늘로부터 다른 음성이 나서 이르되 내 백성아 거기서 나와 그의 죄에 참여하지 말고 그가 받을 재앙들을 받지 말라(계18:4)

3) 그들의 악한 길에서(겔33:11)

@너는 그들에게 말하라 주 여호와의 말씀이니라 나의 삶을 두고 맹세하노니 나는 악인이 죽는 것을 기뻐하지 아니하고 악인이 그의 길에서 돌이켜 떠나 사는 것을 기뻐하노라 이스라엘 족속아 돌이키고 돌이키라 너희 악한 길에서 떠나라 어찌 죽고자 하느냐 하셨다 하라(겔33:11)

4) 떠나(욘3:10)

@하나님이 그들이 행한 것 곧 그 악한 길에서 돌이켜 떠난 것을 보시고 하나님이 뜻을 돌이키사 그들에게 내리리라고 말씀하신 재앙을 내리지 아니하시니라(욘3:10)

5) 스스로 낮추고(약4:10)

@주 앞에서 낮추라 그리하면 주께서 너희를 높이시리라(약4:10)

6) 기도하여(렘33:3)

@너는 내게 부르짖으라 내가 네게 응답하겠고 네가 알지 못하는 크고 은밀한 일을 네게 보이리라(렘33:3)

7) 내 얼굴을 찾으면(시27:8, 시31:16)
@너희는 내 얼굴을 찾으라 하실 때에 내가 마음으로 주께 말하되 여호와여 내가 주의 얼굴을 찾으리이다 하였나이다(시27:8)
@주의 얼굴을 주의 종에게 비추시고 주의 사랑하심으로 나를 구원하소서(시31:16)

8) 내가 하늘에서 듣고(렘29:12)
@너희가 내게 부르짖으며 내게 와서 기도하면 내가 너희들의 기도를 들을 것이요(렘29:12)

9) 그들의 죄를 사하고(시85:2)
@주의 백성의 죄악을 사하시고 그들의 모든 죄를 덮으셨나이다 (셀라)(시85:2)

10) 그들의 땅을 고칠지라(렘3:22)
@배역한 자식들아 돌아오라 내가 너희의 배역함을 고치리라 하시니라(렘3:22)

*엎드려라(갈2:20, 17구절)
1)내가 그리스도와 함께 십자가에 못박혔나니(롬6:6~7)
2)그런즉 이제는 내가 사는 것이 아니요(마16:24)
3)오직 내 안에 그리스도께서 사시는 것이라(빌1:20~21)
4)이제 내가 육체 가운데 사는 것은(갈5:17, 롬8:6, 롬8:7, 롬8:9)
5)나를 사랑하사(요15:9)
6)나를 위하여(롬5:8)
7)자기 자신을 버리신(롬4:25)
8)하나님의 아들을 믿는(요3:36)
9)믿음 안에서(고후13:5)
10)사는 것이라(빌2:12, 고후10:3~6, 벧전5:8~9, 히3:18~19, 약2:22)

1) 내가 그리스도와 함께 십자가에 못박혔나니(롬6:6~7)

@우리가 알거니와 우리의 옛사람이 예수와 함께 십자가에 못박힌 것은 죄의 몸이 죽어 다시는 우리가 죄에게 종 노릇 하지 아니하려 함이니 이는 죽은 자가 죄에서 벗어나 의롭다 하심을 얻었음이라(롬6:6~7)

2) 그런즉 이제는 내가 사는 것이 아니요(마16:24)

@이에 예수께서 제자들에게 이르시되 누구든지 나를 따라오려거든 자기를 부인하고 자기 십자가를 지고 나를 따를 것이니라(마16:24)

3) 오직 내 안에 그리스도께서 사시는 것이라(빌1:20~21)

@나의 간절한 기대와 소망을 따라 아무 일에든지 부끄러워하지 아니하고 지금도 전과 같이 온전히 담대하여 살든지 죽든지 내 몸에서 그리스도가 존귀하게 되게 하려 하나니 이는 내게 사는 것이 그리스도니 죽는 것도 유익함이라(빌2:20~21)

4) 이제 내가 육체 가운데 사는 것은(갈5:17, 롬8:6, 롬8:7, 롬8:9)

@육체의 소욕은 성령을 거스르고 성령은 육체를 거스르나니 이 둘이 서로 대적함으로 너희가 원하는 것을 하지 못하게 하려 함이니라(갈5:17)

@육신의 생각은 사망이요 영의 생각은 생명과 평안이니라(롬8:6)

@육신의 생각은 하나님과 원수가 되나니 이는 하나님의 법에 굴복하지 아니할 뿐 아니라 할 수도 없음이라(롬8:7)

@만일 너희 속에 하나님의 영이 거하시면 너희가 육신에 있지 아니하고 영에 있나니 누구든지 그리스도의 영이 없으면 그리스도의 사람이 아니라(롬8:9)

5) 나를 사랑하사(요15:9)

@아버지께서 나를 사랑하신 것 같이 나도 너희를 사랑하였으니 나의 사랑 안에 거하라(요15:9)

6) 나를 위하여(롬5:8)
@우리가 아직 죄인 되었을 때에 그리스도께서 우리를 위하여 죽으심으로 하나님께서 우리에 대한 자기의 사랑을 확증하셨느니라(롬5:8)

7) 자기 자신을 버리신(롬4:25)
@예수는 우리가 범죄한 것 때문에 내줌이 되고 또한 우리를 의롭다 하시기 위하여 살아나셨느니라(롬4:25)

8) 하나님의 아들을 믿는(요3:36)
@아들을 믿는 자에게는 영생이 있고 아들에게 순종하지 아니하는 자는 영생을 보지 못하고 도리어 하나님의 진노가 그 위에 머물러 있느니라(요3:36)

9) 믿음 안에서(고후13:5)
@너희는 믿음 안에 있는가 너희 자신을 시험하고 너희 자신을 확증하라 예수 그리스도께서 너희 안에 계신 줄을 너희가 스스로 알지 못하느냐 그렇지 않으면 너희는 버림받은 자니라(고후13:5)

10) 사는 것이라(빌2:12, 고후10:3~6, 벧전5:8~9, 히3:18~19, 약2:22)
@그러므로 나의 사랑하는 자들아 너희가 나 있을 때 뿐 아니라 더욱 지금 나 없을 때에도 항상 복종하여 두렵고 떨림으로 너희 구원을 이루라(빌2:12)
@우리가 육신으로 행하나 육신에 따라 싸우지 아니하노니 우리의 싸우는 무기는 육신에 속한 것이 아니요 오직 어떤 견고한 진도 무너뜨리는 하나님의 능력이라 모든 이론을 무너뜨리며 하나님 아는 것을 대적하여 높아진 것을 다 무너뜨리고 모든 생각을 사로잡아 그리스도에게 복종하게 하니 너희의 복종이 온전하게 될 때에 모든 복종하지 않는 것을 벌하려고 준비하는 중에 있노라(고후10:3~6)
@근신하라 깨어라 너희 대적 마귀가 우는 사자 같이 두루 다니

며 삼킬 자를 찾나니 너희는 믿음을 굳건하게 하여 그를 대적하라 이는 세상에 있는 너희 형제들도 동일한 고난을 당하는 줄을 앎이라(벧전5:8~9)

@하나님이 누구에게 맹세하사 그의 안식에 들어오지 못하리라 하셨느냐 곧 순종하지 아니하던 자들에게가 아니냐 이로 보건대 그들이 믿지 아니하므로 능히 들어가지 못한 것이라(히3:18~19)

@네가 보거니와 믿음이 그의 행함과 함께 일하고 행함으로 믿음이 온전하게 되었느니라(약2:22)

*회개와 믿음(행20:21)
@유대인과 헬라인들에게 하나님께 대한 회개와 우리 주 예수 그리스도께 대한 믿음을 증언한 것이라(행20:21)

*대적(지옥의 왕)의 속임수
용(옛 뱀, 마귀, 사탄) : 루시퍼(계20:1~3)
짐승1.(적그리스도) : 정치(계13:1)
짐승2.(거짓 선지자) : 종교(계13:11)
　　　　　　　경제(계13:16~18)
계20:1~3, 계13:1, 계13:11, 계13:16~18

@또 내가 보매 천사가 무저갱의 열쇠와 큰 쇠사슬을 그의 손에 가지고 하늘로부터 내려와서 용을 잡으니 곧 옛 뱀이요 마귀요 사탄이라 잡아서 천 년 동안 결박하여 무저갱에 던져 넣어 잠그고 그 위에 인봉하여 천 년이 차도록 다시는 만국을 미혹하지 못하게 하였는데 그 후에는 반드시 잠깐 놓이리라(계20:1~3)

@내가 보니 바다에서 한 짐승이 나오는데 뿔이 열이요 머리가 일곱이라 그 뿔에는 열 왕관이 있고 그 머리들에는 신성 모독 하는 이름들이 있더라(계13:1)

@내가 보매 또 다른 짐승이 땅에서 올라오니 어린 양 같이 두 뿔이 있고 용처럼 말을 하더라(계13:11)

@그가 모든 자 곧 작은 자나 큰 자나 부자나 가난한 자나 자유인이나 종들에게 그 오른손에나 이마에 표를 받게 하고 누구든지 이 표를 가진 자 외에는 매매를 못하게 하니 이 표는 곧 짐승의 이름이나 그 이름의 수라 지혜가 여기 있으니 총명한 자는 그 짐승의 수를 세어 보라 그것은 사람의 수니 그의 수는 육백육십육이니라(계 13:16~18)

6부

십자가를 통과하라

6부 십자가를 통과하라

1장 말씀과 기도(암송, 은혜)

1) 회개와 믿음(막1:14~15, 행16:31)
@요한이 잡힌 후 예수께서 갈릴리에 오셔서 하나님의 복음을 전파하여 이르시되 때가 찼고 하나님의 나라가 가까이 왔으니 회개하고 복음을 믿으라 하시더라(막1:14~15)

@이르되 주 예수를 믿으라 그리하면 너와 네 집이 구원을 받으리라 하고(행16:31)

2) 예배와 거룩(요4:23~24, 딤전4:4~5)
@아버지께 참되게 예배하는 자들은 영과 진리로 예배할 때가 오나니 곧 이때라 아버지께서는 자기에게 이렇게 예배하는 자들을 찾으시느니라 하나님은 영이시니 예배하는 자가 영과 진리로 예배할지니라(요4:23~24)

@하나님께서 지으신 모든 것이 선하매 감사함으로 받으면 버릴 것이 없나니 하나님이 말씀과 기도로 거룩하여짐이니라(딤전4:4-5)

3) 말씀과 기도(히4:12, 살전5:17)
@하나님의 말씀은 살아있고 활력이 있어 좌우에 날선 어떤 검보다도 예리하여 혼과 영과 및 관절과 골수를 찔러 쪼개기까지 하며 또 마음의 생각과 뜻을 판단하나니(히4:12)

@쉬지 말고 기도하라(살전5:17)

4) 양육과 자람(딛2:11~14, 고전3:6~7)
@모든 사람에게 구원을 주시는 하나님의 은혜가 나타나 우리를 양육하시되 경건하지 않은 것과 이 세상 정욕을 다 버리고 신중함과 의로움과 경건함으로 이 세상에 살고 복스러운 소망과 우리의

크신 하나님 구주 예수 그리스도의 영광이 나타나심을 기다리게 하셨으니 그가 우리를 대신하여 자신을 주심은 모든 불법에서 우리를 속량하시고 우리를 깨끗하게 하사 선한 일을 열심히 하는 자기 백성이 되게 하려 하심이라(딛2:11~14)

@나는 심었고 아볼로는 물을 주었으되 오직 하나님께서 자라나게 하셨나니 그런즉 심는 이나 물 주는 이는 아무것도 아니로되 오직 자라게 하시는 이는 하나님 뿐이니라(고전3:6~7)

5) 인도와 기름부음(롬8:14, 요일2:27)

@무릇 하나님의 영으로 인도함을 받는 사람은 곧 하나님의 아들이라(롬8:14)

@너희는 주께 받은 바 기름부음이 너희 안에 거하나니 아무도 너희를 가르칠 필요가 없고 오직 그의 기름부음이 모든 것을 너희에게 가르치며 또 참되고 거짓이 없으니 너희를 가르치신 그대로 주 안에 거하라(요일2:27)

6) 말씀과 단련(시147:15, 욥23:10)

@그의 명령을 땅에 보내시니 그의 말씀이 속히 달리는도다(시147:15)

@그러나 나의 가는 길을 그가 아시나니 그가 나를 단련하신 후에는 내가 순금같이 되어 나오리라(욥23:10)

7) 고난과 영광(빌1:29, 롬8:16~17)

@그리스도를 위하여 너희에게 은혜를 주신 것은 다만 그를 믿을 뿐 아니라 또한 그를 위하여 고난도 받게 하려 하심이라(빌1:29)

@성령이 친히 우리의 영과 더불어 우리가 하나님의 자녀인 것을 증언하시나니 자녀이면 또한 상속자 곧 하나님의 상속자요 그리스도와 함께한 상속자니 우리가 그와 함께 영광을 받기 위하여 고난도 함께 받아야 할 것이니라(롬8:16~17)

8) 명령과 복종(신8:2, 고후10:3~6)

@네 하나님께서 이 사십 년 동안에 네게 광야 길을 걷게 하신 것을 기억하라 이는 너를 낮추시며 너를 시험하사 네 마음이 어떠한지 그 명령를 지키는지 지키지 않는지 알려 하심이라(신8:2)

@우리가 육신으로 행하나 육신에 따라 싸우지 아니하노니 우리의 싸우는 무기는 육신에 속한 것이 아니요 오직 어떤 견고한 진도 무너뜨리는 하나님의 능력이라 모든 이론을 무너뜨리며 하나님 아는 것을 대적하여 높아진 것을 다 무너뜨리고 모든 생각을 사로잡아 그리스도에게 복종하게 하니 너희의 복종이 온전하게 될 때에 모든 복종하지 않는 것을 벌하려고 준비하는 중에 있노라(고후10:3~6)

9) 복종과 대적(약4:7, 벧전5:8~9)

@그런즉 너희는 하나님께 복종할지어다 마귀를 대적하라 그리하면 너희를 피하리라(약4:7)

@근신하라 깨어라 너희 대적 마귀가 우는 사자 같이 두루 다니며 삼킬 자를 찾나니 너희는 믿음을 굳건하게 하여 그를 대적하라 이는 세상에 있는 너희 형제들도 동일한 고난을 당하는 줄을 앎이라(벧전5:8~9)

10) 따름과 응함(창12:4, 시105:18~19)

@이에 아브람이 여호와의 말씀을 따라갔고 롯도 그와 함께 갔으며 아브람이 하란을 떠날 때에 칠십오 세였더라(창12:4)

@그의 발은 차꼬를 차고 그의 몸은 쇠사슬에 매였으니 곧 여호와의 말씀이 응할 때까지라 그의 말씀이 그를 단련하였도다(시105:18~19)

11) 구원과 순종(롬1:16, 히3:18~19)

@내가 복음을 부끄러워하지 아니하노니 이 복음은 모든 믿는 자

에게 구원을 주시는 하나님의 능력이 됨이라 첫째는 유대인에게요 둘째는 헬라인에게로다(롬1:16)

@하나님이 누구에게 맹세하사 그의 안식에 들어오지 못하리라 하셨느냐 곧 순종하지 아니하던 자들에게가 아니냐 이로 보건대 그들이 믿지 아니하므로 능히 들어가지 못한 것이라(히3:18~19)

12) 믿음과 행함(롬1:17, 약2:22)

@복음에는 하나님의 의가 나타나서 믿음으로 믿음에 이르게 하나니 기록된 바 오직 의인은 믿음으로 말미암아 살리라 함과 같으니라(롬1:17)

@네가 보거니와 믿음이 그의 행함과 함께 일하고 행함으로 믿음이 온전하게 되었느니라(약2:22)

13) 완전과 온전(신18:13, 마5:18)

@너는 네 하나님 여호와 앞에서 완전하라(신18:13)

@그러므로 하늘에 계신 너희 아버지의 온전하심과 같이 너희도 온전하라(마5:48)

14) 그리스도의 발자취(벧전2:19~20, 벧전2:21~25)

@부당하게 고난을 받아도 하나님을 생각함으로 슬픔을 참으면 이는 아름다우나 죄가 있어 매를 맞고 참으면 무슨 칭찬이 있으리요 그러나 선을 행함으로 고난을 받고 참으면 이는 하나님 앞에 아름다우니라(벧전2:19~20)

@이를 위하여 너희가 부르심을 받았으니 그리스도도 너희를 위하여 고난을 받으사 너희에게 본을 끼쳐 그 자취를 따라오게 하려 하셨느니라 그는 죄를 범하지 아니하시고 그 입에 거짓도 없으시며 욕을 당하시되 맞대어 욕하지 아니하시고 고난을 당하시되 위협하지 아니하시고 오직 공의로 심판하시는 이에게 부탁하시며 친히 나무에 달려 그 몸으로 우리 죄를 담당하셨으니 이는 우리로 죄

에 대하여 죽고 의에 대하여 살게 하려 하심이라 그가 채찍에 맞음으로 너희는 나음을 얻었나니 너희가 전에는 양과 같이 길을 잃었더니 이제는 너희 영혼의 목자와 감독되신 이에게 돌아왔느니라(벧전2:21~25)

15) 그리스도의 장성한 분량(엡4:13, 엡4:15)

@우리가 다 하나님의 아들을 믿는 것과 아는 일에 하나가 되어 온전한 사람을 이루어 그리스도의 장성한 분량이 충만한 데까지 이르리니(엡4:13)

@오직 사랑 안에서 참된 것을 하여 범사에 그에게까지 자랄지라 그는 머리니 곧 그리스도라(엡4:15)

2장 피뿌림(예수 그리스도의 십자가 보혈의 피 능력)

1) 도둑(강도, 마귀)과 예수 그리스도

요10:10, 요8:44, 히2:14(요일3:8, 계20:10)

@도둑이 오는 것은 도둑질하고 죽이고 멸망시키려는 것 뿐이요 내가 온 것은 양으로 생명을 얻게 하고 더 풍성히 얻게 하려는 것이라(요10:10)

@너희는 너희 아비 마귀에게서 났으니 너희 아비의 욕심대로 너희도 행하고자 하느니라 그는 처음부터 살인한 자요 진리가 그 속에 없으므로 진리에 서지 못하고 거짓을 말할 때마다 제것으로 말하나니 이는 그가 거짓말쟁이요 거짓의 아비가 되었음이라(요8:44)

@하나님의 아들(예수 그리스도)이 나타나신 것은 죽음을 통하여 죽음의 세력을 잡은 자 곧 마귀를 멸하시며 마귀의 일을 멸하려 하심이라(히2:14, 요일3:8, 계20:10)

2) 예수 그리스도의 십자가 보혈의 피(말씀)

*레17:11, 마26:28, 갈3:13, 롬4:25, 고전15:3~6, 벧전2:24~25, 엡1:7

*육체의 생명은 피에 있음이라 내가 이 피를 너희에게 주어 제단에 뿌려 너희의 생명을 위하여 속죄하게 하였나니 생명이 피에 있으므로 피가 죄를 속하느니라(레17:11)

@이것은 죄 사함을 얻게 하려고 많은 사람을 위하여 흘리는 바 나의 피 곧 언약의 피니라(마26:28)

@그리스도께서 우리를 위하여 저주를 받은 바 되사 율법의 저주에서 우리를 속량하셨으니 기록된 바 나무에 달린 자마다 저주 아래에 있는 자라 하였음이라(갈3:13)

@예수는 우리가 범죄한 것 때문에 내줌이 되고 또한 우리를 의롭다 하시기 위하여 살아나셨느니라(롬4:25)

@내가 받은 것을 먼저 너희에게 전하였노니 이는 성경대로 그리스도께서 우리 죄를 위하여 죽으시고 장사지낸 바 되셨다가 성경대로 사흘 만에 다시 살아나사 게바에게 보이시고 후에 열 두 제자에게와 그 후에 오백여 형제에게 일시에 보이셨나니(고전15:3~6)

@친히 나무에 달려 그 몸으로 우리 죄를 담당하셨으니 이는 우리로 죄에 대하여 죽고 의에 대하여 살게 하려 하심이라 그가 채찍에 맞음으로 너희는 나음을 얻었나니 너희가 전에는 양과 같이 길을 잃었더니 이제는 너희 영혼의 목자와 감독 되신 이에게 돌아왔느니라(벧전2:24~25)

@우리는 그리스도 안에서 그의 은혜의 풍성함을 따라 그의 피로 말미암아 속량 곧 죄 사함을 받았느니라(엡1:7)

3) 예수 그리스도의 십자가 보혈의 피를 뿌리고 바르고 덮으라

*여호와 우리 아버지 하나님 우리(여기) 한 사람 한 사람과 이 아들이 이 시간 간절히 구하옵고 비옵나니 여기(우리) 한 사람 한 사람과 이 아들이 우리 주 예수 그리스도께서 우리(나)의 죄를 사하시기 위하여 십자가에 달려 피흘려 죽으시고 사흘만에 부활하심으로 우리(나)를 살리신 우리(나)의 구주 예수 그리스도의 십자가 보혈의 피를 우리(나)의 구주 예수 그리스도의 이름으로 뿌리고 바르

고 덮을 때에 모든 어둠의 악한 세력들이 물러가게 하여 주시옵소서 모든 어둠의 악한 영들이 떠나가게 하여 주시옵소서 하나님의 나라가 임하게 하여 주시옵소서 성령과 능력으로 기름부어 주시옵소서. (그리하여) 대적과의 싸움에서 이기게 하여 주시옵소서. 영적 전쟁에서 승리하게 하여 주시옵소서.

*각각의 지역의 정화를 위한 예수 그리스도의 십자가 보혈의 피를 뿌리고 바르고 덮는 선포기도

@우리 주 예수 그리스도의 이름으로 경남, ○○시, ○○○○구, ○○○○구, ○○구, ○○구, ○○구의 안과 밖에 예수의 피를 뿌리노라 예수의 피, 예수의 피, 예수의 피, 예수의 피,(4회 반복)   @예수의 피를 바르노라 예수의 피, 예수의 피, 예수의 피, 예수의 피,(4회 반복)

@예수의 피를 덮노라 예수의 피, 예수의 피, 예수의 피, 예수의 피,(4회 반복)

*각각의 교회(예배당)의 정화를 위한 예수 그리스도의 십자가 보혈의 피를 뿌리고 바르고 덮는 선포기도

@우리 주 예수 그리스도의 이름으로 경남, ○○시, ○○○○구, ○○동, ○○○교회의 안과 밖에 예수의 피를 뿌리노라 예수의 피, 예수의 피, 예수의 피, 예수의 피,(4회 반복)

@예수의 피를 바르노라 예수의 피, 예수의 피, 예수의 피, 예수의 피,(4회 반복)

@예수의 피를 덮노라 예수의 피, 예수의 피, 예수의 피, 예수의 피,(4회 반복)

*각각의 자신의 정화를 위한 예수 그리스도의 십자가 보혈의 피를 뿌리고 바르고 덮는 선포기도

@우리 주 예수 그리스도의 이름으로 내 머리 끝부터 발 끝까지 내 몸 전체와 내 마음 안과 밖에 예수의 피를 뿌리노라 예수의 피,

예수의 피, 예수의 피, 예수의 피,(4회 반복)

@예수의 피를 바르노라 예수의 피, 예수의 피, 예수의 피, 예수의 피,(4회 반복)

@예수의 피를 덮노라 예수의 피, 예수의 피, 예수의 피, 예수의 피,(4회 반복)

3장 영적전쟁(대적기도의 권세)

1) 하나님의 전신 갑주를 입으라
엡6:10~11, 엡6:12, 엡6:13, 엡6:14~17, 엡6:18

@끝으로 너희가 주 안에서와 그 힘의 능력으로 강건하여지고 마귀의 간계를 능히 대적하기 위하여 하나님의 전신 갑주를 입으라(엡6:10~11)

@우리의 씨름은 혈과 육을 상대하는 것이 아니요 통치자들과 권세들과 이 어둠의 세상 주관자들과 하늘에 있는 악의 영들을 상대함이라(엡6:12)

@그러므로 하나님의 전신 갑주를 취하라 이는 악한 날에 너희가 능히 대적하고 모든 일을 행한 후에 서기 위함이라(엡6:13)

@그런즉 서서 진리로 너희 허리 띠를 띠고 의의 호경심을 붙이고 평안의 복음이 준비한 것으로 신을 신고 모든 것 위에 믿음의 방패를 가지고 이로써 능히 악한 자의 모든 불화살을 소멸하고 구원의 투구와 성령의 검 곧 하나님의 말씀을 가지라(엡6:14~17)

@모든 기도와 간구를 하되 항상 성령 안에서 기도하고 이를 위하여 깨어 구하기를 항상 힘쓰며 여러 성도를 위하여 구하라(엡6:18)

2) 대적(말씀)
벧전5:8~9, 히2:14~15, 요일3:8, 계12:7~8, 계12:9, 계20:1~3, 계20:9~10, 약4:7

@근신하라 깨어라 너희 대적 마귀가 우는 사자 같이 두루 다니며 삼킬 자를 찾나니 너희는 믿음을 굳건하게 하여 그를 대적하라 이는 세상에 있는 너희 형제들도 동일한 고난을 당하는 줄을 앎이라(벧전5:8~9)

@자녀들은 혈과 육에 속하였으매 그도 또한 같은 모양으로 혈과 육을 함께 지니심은 죽음을 통하여 죽음의 세력을 잡은 자 곧 마귀를 멸하시며 또 죽기를 무서워하므로 한평생 매여 종노릇 하는 모든 자들을 놓아 주려 하심이니(히2:14~15)

@죄를 짓는 자는 마귀에게 속하나니 마귀는 처음부터 범죄함이라 하나님의 아들이 나타나신 것은 마귀의 일을 멸하려 하심이라(요일3:8)

@하늘에 전쟁이 있으니 미가엘과 그의 사자들이 용과 더불어 싸울새 용과 그의 사자들도 싸우나 이기지 못하여 다시 하늘에서 그들이 있을 곳을 얻지 못한지라(계12:7~8)

@큰 용이 내쫓기니 옛 뱀 곧 마귀라고도 하고 사탄이라고도 하며 온 천하를 꾀는 자라 그가 땅으로 내쫓기니 그의 사자들도 그와 함께 내쫓기니라(계12:9)

@또 내가 보매 천사가 무저갱의 열쇠와 큰 쇠사슬을 그의 손에 가지고 하늘로부터 내려와서 용을 잡으니 곧 옛 뱀이요 마귀요 사탄이라 잡아서 천 년 동안 결박하여 무저갱에 던져 넣어 잠그고 그 위에 인봉하여 천 년이 차도록 다시는 만국을 미혹하지 못하게 하였는데 그 후에는 반드시 잠깐 놓이리라(계20:1~3)

@그들이 지면에 널리 퍼져 성도들의 진과 사랑하시는 성을 두르매 하늘에서 불이 내려와 그들을 태워버리고 또 그들을 미혹하는 마귀가 불과 유황 못에 던져지니 거기는 그 짐승과 거짓 선지자도 있어 세세토록 밤낮 괴로움을 받으리라(계20:9~10)

@그런즉 너희는 하나님께 복종할지어다 마귀를 대적하라 그리하면 너희를 피하리라(약4:7)

3) 대적 기도(*요일2:14, 믿음의 분량, 목사님 상담 요함)

*아이들아 내가 너희에게 쓴 것은 너희가 아버지를 알았음이요 아비들아 내가 너희에게 쓴 것은 너희가 태초부터 계신 이를 알았음이요 청년들아 내가 너희에게 쓴 것은 너희가 강하고 하나님의 말씀이 너희 안에 거하시며 너희가 흉악한 자를 이기었음이라 (요일2:14)

*각각의 지역을 관장하는 어둠의 악한 세력들을 대적하는 기도

@여호와 우리 아버지 하나님 우리(여기) 한 사람 한 사람과 이 아들이 이 시간 간절히 구하옵고 비옵나니 경남 OO시 OOOO구, OOOO구, OO구, OO구, OO구를 관장하는 이 어둠의 악한 세력들 이 어둠의 악한 영들 사탄과 마귀와 악령들과 귀신들을 우리 주 예수 그리스도의 이름으로 친히 대적하여 주시고 꾸짖어 주시옵소서, (큰 쇠사슬로 결박하여 주시사) 내쫓아(물리쳐) (차단하여, 막아, 기웃거리지도 못하게 하여, 얼씬거리지도 못하게 하여, 넘보지도 못하게 하여, 근접하지도 못하게 하여) 주시옵소서.

@예수 이름으로(예수 그리스도의 이름으로, 나사렛 예수 그리스도의 이름으로) 명령한다. 경남 OO시 OOOO구, OOOO구, OO구, OO구, OO구를 관장하는 이 어둠의 악한 세력들 이 어둠의 악한 영들 사탄과 마귀와 악령들과 귀신들은 큰 쇠사슬에 묶이어 묶이어 묶이어 저 무저갱에 쳐박아 넣어져 인봉될지어다 인봉될지어다 인봉될지어다. (또는 ~ 큰 쇠사슬 천조겹으로 천조겹으로 천조겹으로 결박하노라 결박하노라 결박하노라 저 무저갱으로 들어가 들어가 들어가 인봉하노라 인봉하노라 인봉하노라.)

*각각의 교회(예배당)를 배회하는(기웃 거리는) 어둠의 악한 세력들을 대적하는 기도

@여호와 우리 아버지 하나님 우리(여기) 한 사람 한 사람과 이 아들이 이 시간 간절히 구하옵고 비옵나니 경남 OO시 OOOO구

○○동 ○○○교회의 안과 밖을 배회하는 이 어둠의 악한 세력들 이 어둠의 악한 영들 사탄과 마귀와 악령들과 귀신들을 우리 주 예수 그리스도의 이름으로 친히 대적하여 주시고 꾸짖어 주시옵소서. (큰 쇠사슬로 결박하여 주시사) 내쫓아(물리쳐) (차단하여, 막아, 기웃거리지도 못하게 하여, 얼씬거리지도 못하게 하여, 넘보지도 못하게 하여, 근접하지도 못하게 하여) 주시옵소서.

@예수 이름으로(예수 그리스도의 이름으로, 나사렛 예수 그리스도의 이름으로) 명령한다. 경남 ○○시 ○○○○구 ○○동 ○○○교회의 안과 밖을 배회하는 이 어둠의 악한 세력들 이 어둠의 악한 영들 사탄과 마귀와 악령들과 귀신들은 큰 쇠사슬에 묶이어 묶이어 묶이어 저 무저갱에 쳐박아 넣어져 인봉될지어다 인봉될지어다 인봉될지어다. (또는 ~ 큰 쇠사슬 천조겹으로 천조겹으로 천조겹으로 결박하노라 결박하노라 결박하노라 저 무저갱으로 들어가 들어가 들어가 인봉하노라 인봉하노라 인봉하노라.)

*각각의 자신의 몸과 마음 안과 밖을 엿보는 어둠의 악한 세력들을 대적하는 기도

@여호와 우리 아버지 하나님 우리(여기) 한 사람 한 사람과 이 아들이 이 시간 간절히 구하옵고 비옵나니 내 머리 끝부터 발 끝까지 내 몸 전체와 내 마음 안과 밖을 엿보는 이 어둠의 악한 세력들 이 어둠의 악한 영들 사탄과 마귀와 악령들과 귀신들을 우리 주 예수 그리스도의 이름으로 친히 대적하여 주시고 꾸짖어 주시옵소서. (큰 쇠사슬로 결박하여 주시사) 내쫓아(물리쳐) (차단하여, 막아, 기웃거리지도 못하게 하여, 얼씬거리지도 못하게 하여, 넘보지도 못하게 하여, 근접하지도 못하게 하여) 주시옵소서.

@예수 이름으로(예수 그리스도의 이름으로, 나사렛 예수 그리스도의 이름으로) 명령한다. 내 머리 끝부터 발 끝까지 내 몸 전체와 내 마음 안과 밖을 엿보는 이 어둠의 악한 세력들 이 어둠의 악한 영들 사탄과 마귀와 악령들과 귀신들은 큰 쇠사슬에 묶이어 묶

이어 묶이어 저 무저갱에 쳐박아 넣어져 인봉될지어다 인봉될지어다 인봉될지어다. (또는 ~ 큰 쇠사슬 천조겹으로 천조겹으로 천조겹으로 결박하노라 결박하노라 결박하노라 저 무저갱으로 들어가 들어가 들어가 인봉하노라 인봉하노라 인봉하노라.)

4장 십자가를 통과하라

1) 비유컨대 그를 죽은 자 가운데서 도로 받은 것이니라
롬6:6~7, 롬7:5~6, 창22:9~10, 히11:18~19

@우리가 알거니와 우리의 옛 사람이 예수와 함께 십자가에 못 박힌 것은 죄의 몸이 죽어 다시는 우리가 죄에게 종노릇 하지 아니하려 함이니 이는 죽은 자가 죄에서 벗어나 의롭다 하심을 얻었음이라(롬6:6~7)

@우리가 육신에 있을 때에는 율법으로 말미암는 죄의 정욕이 우리 지체 중에 역사하여 우리로 사망을 위하여 열매를 맺게 하였더니 이제는 우리가 얽매였던 것에 대하여 죽었으므로 율법에서 벗어났으니 이러므로 우리가 영의 새로운 것으로 섬길 것이요 율법 조문의 묵은 것으로 아니할지니라(롬7:5~6)

@하나님이 그에게 일러주신 곳에 이른지라 이에 아브라함이 그 곳에 제단을 쌓고 나무를 벌여 놓고 그의 아들 이삭을 결박하여 제단 나무 위에 놓고 손을 내밀어 칼을 잡고 그 아들을 잡으려 하니(창22:9~10)

@그에게 이미 말씀하시기를 네 자손이라 칭할 자는 이삭으로 말미암으리라 하셨으니 그가 하나님이 능히 이삭을 죽은 자 가운데서 다시 살리실 줄로 생각한지라 비유컨대 그를 죽은 자 가운데서 도로 받은 것이니라(히11:18~19)

2) 믿음으로 믿음(순종, 행함)에
롬1:17, 고후3:18, 벧후1:10, 계17:14

@복음에는 하나님의 의가 나타나서 믿음으로 믿음에 이르게 하나니 기록된 바 오직 의인은 믿음으로 말미암아 살리라 함과 같으니라(롬1:17)

@우리가 다 수건을 벗은 얼굴로 거울을 보는 것 같이 주의 영광을 보매 그와 같은 형상으로 변화하여 영광에서 영광에 이르니 곧 주의 영으로 말미암음이니라(고후3:18)

@그러므로 형제들아 더욱 힘써 너희 부르심과 택하심을 굳게 하라 너희가 이것을 행한즉 언제든지 실족하지 아니하리라(벧후1:10)

@저희가 어린 양으로 더불어 싸우려니와 어린양은 만주의 주시요 만왕의 왕이시므로 저희를 이기실 터이요 또 그와 함께 있는 자들 곧 부르심을 받고 택하심을 받은 진실한 자들도 이기리로다(계17:14)

3) 새 생명 가운데서 행하게 하려 함이라
롬6:4, 고후4:10, 고후4:11, 빌2:13

@그러므로 우리가 그의 죽으심과 합하여 세례를 받음으로 그와 함께 장사되었나니 이는 아버지의 영광으로 말미암아 그리스도를 죽은 자 가운데서 살리심과 같이 우리로 또한 새 생명 가운데서 행하게 하려 함이라(롬6:4)

@우리가 항상 예수의 죽음을 몸에 짊어짐은 예수의 생명이 또한 우리 몸에 나타나게 하려 함이라(고후4:10)

@우리 살아있는 자가 항상 예수를 위하여 죽음에 넘겨짐은 예수의 생명이 또한 우리 죽을 육체에 나타나게 하려 함이라(고후4:11)

@너희 안에서 행하시는 이는 하나님이시니 자기의 기쁘신 뜻을 위하여 너희에게 소원을 두고 행하게 하시나니(빌2:13)

7부

기·승·전·결

7부 기·승·전·결

기 *자유의지의 검증권 : 지(생각), 정(감정), 의(의지)의 검증, 연구, 분석, 분별, 구별

1) 하나님(만왕의 왕, 만주의 주)의 삼위일체(계19:15~16)
성부(여호와) : 계획(창조주)(창1:1)
성자(예수 그리스도) : 성취(구원자)(행4:12)
성령(보혜사) : 역사(인도자)(롬8:14)
계19:15~16, 창1:1, 행4:12, 롬8:14
@그의 입에서 예리한 검이 나오니 그것으로 만국을 치겠고 친히 그들을 철장으로 다스리며 또 친히 하나님 곧 전능하신 이의 맹렬한 진노의 포도주 틀을 밟겠고 그의 옷과 그의 다리에 이름을 쓴 것이 있으니 만왕의 왕이요 만주의 주라 하였더라(계19:15~16)
@태초에 하나님이 천지를 창조하시니라(창1:1)
@다른 이로써는 구원을 받을 수 없나니 천하 사람 중에 구원을 받을만한 다른 이름을 우리에게 주신 일이 없음이라 하였더라(행4:12)
@무릇 하나님의 영으로 인도함을 받는 사람은 곧 하나님의 아들이라(롬8:14)

2) 하나님의 속성(출3:14)
무소부지(전지)(시139:1~4)
무소불능(전능)(눅1:37)
무소부재(편재)(시139:7~10)
출3:14, 시139:1~4, 눅1:37, 시139:7~10
@하나님이 모세에게 이르시되 나는 스스로 있는 자이니라 또 이르시되 너는 이스라엘 자손에게 이같이 이르기를 스스로 있는 자가 나를 너희에게 보내셨다 하라(출3:14)

@여호와여 주께서 나를 살펴보셨으므로 나를 아시나이다 주께서 내가 앉고 일어섬을 아시고 멀리서도 나의 생각을 밝히 아시오며 나의 모든 길과 내가 눕는 것을 살펴보셨으므로 나의 모든 행위를 익히 아시오니 여호와여 내 혀의 말을 알지 못하시는 것이 하나도 없으시니이다(시139:1~4)

@대저 하나님의 모든 말씀은 능하지 못하심이 없느니라(눅1:37)

@내가 주의 영을 떠나 어디로 가며 주의 앞에서 어디로 피하리이까 내가 하늘에 올라갈지라도 거기 계시며 스올에 내 자리를 펼지라도 거기 계시니이다 내가 새벽 날개를 치며 바다 끝에 가서 거주할지라도 거기서도 주의 손이 나를 인도하시며 주의 오른손이 나를 붙드시리이다(시139:7~10)

3) 하나님의 천사 창조와 그들의 임무

미가엘(천사장)과 천군들 : 전쟁(단10:13~14, 계12:7~8)
가브리엘(천사장)과 천사들 : 행정(눅1:19, 눅1:26~27)
*루시엘(천사장)과 천사들 : 찬양(사43:21, 시150:6)
단10:13~14, 계12:7~8, 눅1:19, 눅26~27, 사43:21, 시150:6

@그런데 바사 왕국의 군주가 이십일 일 동안 나를 막았으므로 내가 거기 바사 왕국의 왕들과 함께 머물러 있더니 가장 높은 군주 중 하나인 미가엘이 와서 나를 도와줌으로 이제 내가 마지막 날에 네 백성이 당할 일을 네게 깨닫게 하러 왔노라 이는 이 환상이 오랜 후의 일임이라 하더라(단10:13~14)

@하늘에 전쟁이 있으니 미가엘과 그의 사자들이 용과 더불어 싸울 새 용과 그의 사자들도 싸우나 이기지 못하여 다시 하늘에서 그들이 있을 곳을 얻지 못한지라(계12:7~8)

@천사가 대답하여 이르되 나는 하나님 앞에 서 있는 가브리엘이라 이 좋은 소식을 전하여 네게 말하라고 보내심을 받았노라(눅1:19)

@여섯째 달에 천사 가브리엘이 하나님의 보내심을 받아 갈릴리 나사렛이란 동네에 가서 다윗의 자손 요셉이라 하는 사람과 약혼

한 처녀에게 이르니 그 처녀의 이름은 마리아라(눅1:26~27)

@이 백성은 내가 나를 위하여 지었나니 나를 찬송하게 하려 함이니라(사43:21)

@호흡이 있는 자마다 여호와를 찬양할지어다 할렐루야(시150:6)

4) *루시엘(천사장)과 천사들의 범죄(교만)
*사14:12~13, 사12:14, 사14:15, 겔28:14, 겔28:15, 겔28:16, 겔28:17, 벧후2:4, 유1:6

@너 아침의 아들 계명성이여 어찌 그리 하늘에서 떨어졌으며 너 열국을 엎은 자여 어찌 그리 땅에 찍혔는고 네가 네 마음에 이르기를 내가 하늘에 올라 하나님의 뭇 별 위에 내 자리를 높이리라 내가 북극 집회의 산 위에 앉으리라(사14:12~13)

@가장 높은 구름에 올라가 지극히 높은 이와 같아지리라 하는도다(사14:14)

@그러나 이제 네가 스올 곧 구덩이 맨 밑에 떨어짐을 당하리로다(사14:15)

@너는 기름부음을 받고 지키는 그룹임이여 내가 너를 세우매 네가 하나님의 성산에 있어서 불타는 돌들 사이에 왕래하였도다(겔28:14)

@네가 지음을 받던 날로부터 네 모든 길에 완전하더니 마침내 네게서 불의가 드러났도다(겔28:15)

@네 무역이 많으므로 네 가운데에 강포가 가득하여 네가 범죄하였도다 너 지키는 그룹아 그러므로 내가 너를 더럽게 여겨 하나님의 산에서 쫓아냈고 불타는 돌들 사이에서 멸하였도다(겔28:16)

@네가 아름다우므로 마음이 교만하였으며 네가 영화로우므로 네 지혜를 더럽혔음이여 내가 너를 땅에 던져 왕들 앞에 두어 그들의 구경거리가 되게 하였도다(겔28:17)

@하나님이 범죄한 천사들을 용서하지 아니하시고 지옥에 던져 어두운 구덩이에 두어 심판 때까지 지키게 하셨으며(벧후2:4)

@또 자기 지위를 지키지 아니하고 자기 처소를 떠난 천사들을

큰 날의 심판까지 영원한 결박으로 흑암에 가두셨으며(유1:6)

*"천지 창조(창1:1) 이전에 이미 범죄(교만)한 천사장(루시엘)과 그 휘하의 1/3의 천사들이 함께 지옥 어두운 구덩이로 떨어짐" 루시엘은 찬양을 맡은 천사장으로 하나님께 반역(교만)하여 대적자의 우두머리 즉, 루시퍼(사14:12~15, 겔28:14~17) 곧, 이 세상의 신(고후4:3~4), 공중의 권세잡은 자(엡2:2), 시험하는 자(마4:3), 마귀(마4:11), 미혹하는 마귀(계20:10), 도둑(요10:10), 거짓말쟁이(요8:44), 악한 자(요일5:19), 큰 용(계12:9), 용(옛 뱀, 마귀, 사탄)(계20:1~3)이 되고 그 졸개(천사)들은 악령들(엡6:12), 귀신들(눅8:30)이 됨.

고후4:3~4, 엡2:2, 마4:3, 마4:11, 계20:10, 요10:10, 요8:44, 요일5:19, 계12:9, 계20:1~3, 엡6:12, 요8:30

@만일 우리의 복음이 가리웠으면 망하는 자들에게 가리어진 것이라 그 중에 이 세상의 신이 믿지 아니하는 자들의 마음을 혼미하게 하여 그리스도의 영광의 복음의 광채가 비치지 못하게 함이니 그리스도는 하나님의 형상이니라(고후4:3~4)

@ 그때에 너희는 그 가운데서 행하여 이 세상 풍조를 따르고 공중의 권세 잡은 자를 따랐으니 곧 지금 불순종의 아들들 가운데서 역사하는 영이라(엡2:2)

@시험하는 자가 예수께 나아와서 이르되 네가 만일 하나님의 아들이어든 명하여 이 돌들로 떡덩이가 되게 하라(마4:3)

@이에 마귀는 예수를 떠나고 천사들이 나아와서 수종드니라(마4:11)

@또 그들을 미혹하는 마귀가 불과 유황 못에 던져지니 거기는 그 짐승과 거짓 선지자도 있어 세세토록 밤낮 괴로움을 받으리라(계20:10)

@도둑이 오는 것은 도둑질하고 죽이고 멸망시키려는 것 뿐이요 내가 온 것은 양으로 생명을 얻게하고 더 풍성히 얻게 하려는 것이라(요10:10)

@너희는 너희 아비 마귀에게서 났으니 너희 아비의 욕심대로 너희도 행하고자 하느니라 그는 처음부터 살인한 자요 진리가 그 속에 없으므로 진리에 서지 못하고 거짓을 말할 때마다 제 것으로 말하나니 이는 그가 거짓말쟁이요 거짓의 아비가 되었음이라(요8:44)

@또 아는 것은 우리는 하나님께 속하고 온 세상은 악한 자 안에 처한 것이며(요일5:19)

@큰 용이 내쫓기니 옛 뱀 곧 마귀라고도 하고 사탄이라고도 하며 온 천하를 꾀는 자라 그가 땅으로 내쫓기니 그의 사자들도 그와 함께 내쫓기니라(계12:9)

@또 내가 보매 천사가 무저갱의 열쇠와 큰 쇠사슬을 그의 손에 가지고 하늘로부터 내려와서 용을 잡으니 곧 옛 뱀이요 마귀요 사탄이라 잡아서 천 년 동안 결박하여 무저갱에 던져 넣어 잠그고 그 위에 인봉하여 천 년이 차도록 다시는 만국을 미혹하지 못하게 하였는데 그 후에는 반드시 잠깐 놓이리라(계20:1~3)

@우리의 씨름은 혈과 육을 상대하는 것이 아니요 통치자들과 권세들과 이 어둠의 세상 주관자들과 하늘에 있는 악의 영들을 상대함이라(엡6:12)

@예수께서 네 이름이 무엇이냐 물으신즉 이르되 군대라 하니 이는 많은 귀신이 들렸음이라(눅8:30)

5) 하나님의 천지 창조와 사람(생령) 창조

창1:1, 창1:2, 창1:6~7, 창1:26~28, (*창2:7)

@태초에 하나님이 천지를 창조하시니라(창1:1)

@땅이 혼돈하고 공허하며 흑암이 깊음 위에 있고 하나님의 영은 수면 위에 운행하시니라(창1:2)

@하나님이 이르시되 물 가운데에 궁창이 있어 물과 물로 나뉘라 하시고 하나님이 궁창을 만드사 궁창 아래의 물과 궁창 위의 물로 나뉘게 하시니 그대로 되니라(창1:6~7)

@하나님이 자기 형상 곧 하나님의 형상대로 사람을 창조하시되

남자와 여자를 창조하시고 하나님이 그들에게 복을 주시며 하나님이 그들에게 이르시되 생육하고 번성하여 땅에 충만하라 땅을 정복하라 바다의 물고기와 하늘의 새와 땅에 움직이는 모든 생물을 다스리라 하시니라(창1:27~28)

(*여호와 하나님이 땅의 흙으로 사람을 지으시고 생기를 그 코에 불어 넣으시니 사람이 생령이 되니라, 창2:7)

6) 첫 사람(아담, 하와)의 범죄(불순종)로 잃어버린 낙원
창2:9, 창2:15~17, 창3:4, 창3:6, (*창3:23)

@여호와 하나님이 그 땅에서 보기에 아름답고 먹기에 좋은 나무가 나게 하시니 동산 가운데에는 생명나무와 선악을 알게 하는 나무도 있더라(창2:9)

@여호와 하나님이 그 사람을 이끌어 에덴 동산에 두어 그것을 경작하며 지키게 하시고 여호와 하나님이 그 사람에게 명하여 이르시되 동산 각종 나무의 열매는 네가 임의로 먹되 선악을 알게 하는 나무의 열매는 먹지 말라 네가 먹는 날에는 반드시 죽으리라 하시니라(창2:15~17)

@뱀이 여자에게 이르되 너희가 결코 죽지 아니하리라(창3:4)

@여자가 그 나무를 본즉 먹음직도 하고 보암직도 하고 지혜롭게 할 만큼 탐스럽기도 한 나무인지라 여자가 그 열매를 따먹고 자기와 함께 있는 남편에게도 주매 그도 먹은지라(창3:6)

(*여호와 하나님이 에덴 동산에서 그를 내보내어 그의 근원이 된 땅을 갈게 하시니라, 창3:23)

7) 예수 그리스도의 대속(죗값)의 죽으심과 부활로 되찾은 천국
롬5:19, 마1:21, 눅2:11, 요19:30, (*마28:6)

@한 사람(아담)이 순종하지 아니함으로 많은 사람이 죄인 된 것 같이 한 사람(예수 그리스도)이 순종하심으로 많은 사람이 의인이 되리라(롬5:19)

@아들을 낳으리니 이름을 예수라 하라 이는 그가 자기 백성을 그들의 죄에서 구원할 자이심이라 하니라(마1:21)

@오늘 다윗의 동네에 너희를 위하여 구주가 나셨으니 곧 그리스도 주시니라(눅2:11)

@예수께서 신 포도주를 받으신 후에 이르시되 다 이루었다 하시고 머리를 숙이니 영혼이 떠나가시니라(요19:30)

(*그가 여기 계시지 않고 그가 말씀 하시던 대로 살아나셨느니라 와서 그가 누우셨던 곳을 보라, 마28:6)

8) 벌써 심판(정죄)을 받은 것이니라
롬5:12, 롬3:9, 롬3:10~12, 고전15:22, (*요3:18)

@그러므로 한 사람으로 말미암아 죄가 세상에 들어오고 죄로 말미암아 사망이 들어왔나니 이와 같이 모든 사람이 죄를 지었으므로 사망이 모든 사람에게 이르렀느니라(롬5:12)

@그러면 어떠하냐 우리는 나으냐 결코 아니라 유대인이나 헬라인이나 다 죄 아래에 있다고 우리가 이미 선언하였느니라(롬3:9)

@기록된 바 의인은 없나니 하나도 없으며 깨닫는 자도 없고 하나님을 찾는 자도 없고 다 치우쳐 함께 무익하게 되고 선을 행하는 자는 없나니 하나도 없도다(롬3:10~12)

@아담 안에서 모든 사람이 죽은 것 같이 그리스도 안에서 모든 사람이 삶을 얻으리라(고전15:22)

(*그를 믿는 자는 심판을 받지 아니하는 것이요 믿지 아니하는 자는 하나님의 독생자의 이름을 믿지 아니하므로 벌써 심판을 받은 것이니라, 요3:18)

9) 회개와 믿음
벧후3:9, 마4:17, 막1:15, 행16:31, (*행20:21)

@주의 약속은 어떤 이들이 더디다고 생각하는 것 같이 더딘 것이 아니라 오직 주께서는 너희를 대하여 오래 참으사 아무도 멸망하지 아니하고 다 회개하기에 이르기를 원하시느니라(벧후3:9)

@이 때부터 예수께서 비로소 전파하여 이르시되 회개하라 천국이 가까이 왔느니라 하시더라(마4:17)
@이르시되 때가 찼고 하나님의 나라가 가까이 왔으니 회개하고 복음을 믿으라 하시더라(막1:15)
@이르되 주 예수를 믿으라 그리하면 너와 네 집이 구원을 받으리라 하고(행16:31)
(*유대인과 헬라인들에게 하나님께 대한 회개와 우리 주 예수 그리스도께 대한 믿음을 증언한 것이라, 행20:21)

10) 율법으로는 죄를 깨달음이니라
롬2:13, 갈3:21, 약2:10, 갈5:4, (*롬3:20)
@하나님 앞에서는 율법을 듣는 자가 의인이 아니요 오직 율법을 행하는 자라야 의롭다 하심을 얻으리니(롬2:13)
@그러면 율법이 하나님의 약속들과 반대되는 것이냐 결코 그럴 수 없느니라 만일 능히 살게 하는 율법을 주셨더라면 의가 반드시 율법으로 말미암았으리라(갈3:21)
@누구든지 온 율법을 지키다가 그 하나를 범하면 모두 범한 자가 되나니(약2:10)
@율법 안에서 의롭다 함을 얻으려 하는 너희는 그리스도에게서 끊어지고 은혜에서 떨어진 자로다(갈5:4)
(*그러므로 율법의 행위로 그의 앞에 의롭다 하심을 얻을 육체가 없나니 율법으로는 죄를 깨달음이니라, 롬3:20)

11) 예수 그리스도의 이름으로 세례를 받고 죄 사함을 받으라
마26:28, 행5:30~31, 엡1:7, 골1:13~14, (*행2:38)
@이것은 죄 사함을 얻게 하려고 많은 사람을 위하여 흘리는 바 나의 피 곧 언약의 피니라(마26:28)
@너희가 나무에 달아 죽인 예수를 우리 조상의 하나님이 살리시고 이스라엘에게 회개함과 죄 사함을 주시려고 그를 오른손으로 높이사 임금과 구주로 삼으셨느니라(행5:30~31)

@우리는 그리스도 안에서 그의 은혜의 풍성함을 따라 그의 피로 말미암아 속량 곧 죄 사함을 받았느니라(엡1:7)

@그가 우리를 흑암의 권세에서 건져내사 그의 사랑의 아들의 나라로 옮기셨으니 그 아들 안에서 우리가 속량 곧 죄 사함을 받았도다(골1:13~14)

(*베드로가 이르되 너희가 회개하여 각각 예수 그리스도의 이름으로 세례를 받고 죄 사함을 받으라 그리하면 성령의 선물을 받으리니, 행2:38)

12) 계시, 가르침, 양육, 자람, (*통달)
마11:27, 고전2:13, 딛2:11~14, 고전3:6~7, (*고전2:10)

@내 아버지께서 모든 것을 내게 주셨으니 아버지 외에는 아들을 아는 자가 없고 아들과 또 아들의 소원대로 계시를 받는 자 외에는 아버지를 아는 자가 없느니라(마11:27)

@우리가 이것을 말하거니와 사람의 지혜가 가르친 말로 아니하고 오직 성령께서 가르치신 것으로 하니 영적인 일은 영적인 것으로 분별하느니라(고전2:13)

@모든 사람에게 구원을 주시는 하나님의 은혜가 나타나 우리를 양육하시되 경건하지 않은 것과 이 세상 정욕을 다 버리고 신중함과 의로움과 경건함으로 이 세상에 살고 복스러운 소망과 우리의 크신 하나님 구주 예수 그리스도의 영광이 나타나심을 기다리게 하셨으니 그가 우리를 대신하여 자신을 주심은 모든 불법에서 우리를 속량하시고 우리를 깨끗하게 하사 선한 일을 열심히 하는 자기 백성이 되게 하려 하심이라(딛2:11~14)

@나는 심었고 아볼로는 물을 주었으되 오직 하나님께서 자라나게 하셨나니 그런즉 심는 이나 물주는 이는 아무것도 아니로되 오직 자라게 하시는 이는 하나님 뿐이니라(고전3:6~7)

(*오직 하나님이 성령으로 이것을 우리에게 보이셨으니 성령은 모든 것 곧 하나님의 깊은 것 까지도 통달하시느니라, 고전2:10)

승 *자유 의지의 선택권 : 지(생각), 정(감정), 의(의지)의 선택, 결정, 결단, 고백, 영접

13) 하나님의 의(율법에서 은혜로)
롬3:21~22, 롬3:23~24, 엡2:8~9, 고전15:10, (*고후5:21)

@그러나 이제는 율법 외에 하나님의 한 의가 나타났으니 율법과 선지자들에게 증거를 받은 것이라 곧 예수 그리도를 믿음으로 말미암아 모든 믿는 자에게 미치는 하나님의 의니 차별이 없느니라(롬3:21~22)

@모든 사람이 죄를 범하였으매 하나님의 영광에 이르지 못하더니 그리스도 예수 안에 있는 속량으로 말미암아 하나님의 은혜로 값 없이 의롭다 하심을 얻은 자 되었느니라(롬3:23~24)

@너희는 그 은혜에 의하여 믿음으로 말미암아 구원을 받았으니 이것은 너희에게서 난 것이 아니요 하나님의 선물이라 행위에서 난 것이 아니니 이는 누구든지 자랑하지 못하게 함이라(엡2:8~9)

@그러나 내가 나 된 것은 하나님의 은혜로 된 것이니 내게 주신 그의 은혜가 헛되지 아니하여 내가 모든 사도보다 더 많이 수고하였으나 내가 한 것이 아니요 오직 나와 함께하신 하나님의 은혜로라(고전15:10)

(*하나님이 죄를 알지도 못하신 이를 우리를 대신하여 죄로 삼으신 것은 우리로 하여금 그 안에서 하나님의 의가 되게 하려 하심이라, 고후5:21)

14) 믿음으로 하나님의 아들이 되었으니(행위에서 믿음으로)
갈3:11, 갈3:23, 갈3:24, 갈3:25, (*갈3:26~27)

@또 하나님 앞에서 아무도 율법으로 말미암아 의롭게 되지 못할 것이 분명하니 이는 의인은 믿음으로 살리라 하였음이라(갈3:11)

@믿음이 오기 전에 우리는 율법 아래에 매인 바 되고 계시될 믿음의 때까지 갇혔느니라(갈3:23)

@이같이 율법이 우리를 그리스도께로 인도하는 초등교사가 되어 우리로 하여금 믿음으로 말미암아 의롭다 함을 얻게 하려 함이라(갈5:24)

@믿음이 온 후로는 우리가 초등교사 아래에 있지 아니하도다(갈5:25)

(*너희가 다 믿음으로 말미암아 그리스도 예수 안에서 하나님의 아들이 되었으니 누구든지 그리스도와 합하기 위하여 세례를 받은 자는 그리스도로 옷 입었느니라, 갈5:26~27)

15) 그리스도는 율법의 마침이 되시니라(육신에서 성령으로)
갈3:10, 롬8:3, 갈3:13, 롬8:4, (*롬10:4)

@무릇 율법 행위에 속한 자들은 저주 아래에 있나니 누구든지 율법책에 기록된 대로 모든 일을 항상 행하지 아니하는 자는 저주 아래에 있는 자라 하였음이라(갈3:10)

@율법이 육신으로 말미암아 연약하여 할 수 없는 그것을 하나님은 하시나니 곧 죄로 말미암아 자기 아들을 죄 있는 육신의 모양으로 보내어 육신에 죄를 정하사(롬8:3)

@그리스도께서 우리를 위하여 저주를 받은 바 되사 율법의 저주에서 우리를 속량하셨으니 기록된 바 나무에 달린 자마다 저주 아래에 있는 자라 하였음이라(갈3:13)

@육신을 따르지 않고 그 영을 따라 행하는 우리에게 율법의 요구가 이루어지게 하려 하심이니라(롬8:4)

(*그리스도는 모든 믿는 자에게 의를 이루기 위하여 율법의 마침이 되시니라, 롬10:4)

16) 평안, 기쁨, 진리, 자유, (*인내)
요14:27, 요15:11, 요8:32, 고후3:17 (*약1:4)

@평안을 너희에게 끼치노니 곧 나의 평안을 너희에게 주노라 내가 너희에게 주는 것은 세상이 주는 것과 같지 아니하니라 너희는 마음에 근심하지도 말고 두려워하지도 말라(요14:27)

@내가 이것을 너희에게 이름은 내 기쁨이 너희 안에 있어 너희 기쁨을 충만하게 하려 함이라(요15:11)

@진리를 알지니 진리가 너희를 자유롭게 하리라(요8:32)

@주는 영이시니 주의 영이 계신 곳에는 자유가 있느니라(고후3:17)

(*인내를 온전히 이루라 이는 너희로 온전하고 구비하여 조금도 부족함이 없게 하려 함이라, 약1:4)

17) 믿음과 사랑
딤전1:14, 엡6:23, 딤후2:22, 딤전4:12~13, (*딤전6:11~12)

@우리 주의 은혜가 그리스도 예수 안에 있는 믿음과 사랑과 함께 넘치도록 풍성하였도다(딤전1:14)

@아버지 하나님과 주 예수 그리스도께로부터 평안과 믿음을 겸한 사랑이 형제들에게 있을지어다(엡6:23)

@또한 너는 청년의 정욕을 피하고 주를 깨끗한 마음으로 부르는 자들과 함께 의와 믿음과 사랑과 화평을 따르라(딤후2:22)

@누구든지 네 연소함을 업신여기지 못하게 하고 오직 말과 행실과 사랑과 믿음과 정절에 있어서 믿는 자에게 본이 되어 내가 이를 때까지 읽는 것과 권하는 것과 가르치는 것에 전념하라(딤전4:12~13)

(*오직 너 하나님의 사람아 이것들을 피하고 의와 경건과 믿음과 사랑과 인내와 온유를 따르며 믿음의 선한 싸움을 싸우라 영생을 취하라(딤전6:11~12)

18) 구원의 우물들(말씀)
사12:3, 수21:45, 요1:1, 요1:14, (*히4:12)

@그러므로 너희가 기쁨으로 구원의 우물들에서 물을 길으리로다(사12:3)

@여호와께서 이스라엘 족속에게 말씀하신 선한 말씀이 하나도 남음이 없이 다 응하였더라(수21:45)

@태초에 말씀이 계시니라 이 말씀이 하나님과 함께 계셨으니 이

말씀은 곧 하나님이시니라(요1:1)

@말씀이 육신이 되어 우리 가운데 거하시매 우리가 그의 영광을 보니 아버지의 독생자의 영광이요 은혜와 진리가 충만하더라(요1:14)

(*하나님의 말씀은 살아 있고 활력이 있어 좌우에 날선 어떤 검보다도 예리하여 혼과 영과 및 관절과 골수를 찔러 쪼개기까지 하며 또 마음의 생각과 뜻을 판단하나니, 히4:12)

19) 구원의 우물들(고침, 범죄하지 아니하려, 위로, 등이요 빛)
시107:20, 시119:11, 시119:50, 시119:71, (*시119:105)

@그가 그의 말씀을 보내어 그들을 고치시고 위험한 지경에서 건지시는도다(시107:20)

@내가 주께 범죄하지 아니하려 하여 주의 말씀을 내 마음에 두었나이다(시119:11)

@이 말씀은 나의 고난 중의 위로라 주의 말씀이 나를 살리셨기 때문이니이다(시119:50)

@고난 당한 것이 내게 유익이라 이로 말미암아 내가 주의 율례들을 배우게 되었나이다(시119:71)

(*주의 말씀은 내 발에 등이요 내 길에 빛이니이다, 시119:105)

20) 구원의 우물들(새기고)
신6:6~7, 엡6:17, 요15:7, 골3:16~17, (*요일2:14)

@오늘 내가 네게 명하는 이 말씀을 너는 마음에 새기고 네 자녀에게 부지런히 가르치며 집에 앉았을 때에든지 길을 갈 때에든지 누워 있을 때에든지 일어 날 때에든지 이 말씀을 강론할 것이며(신6:6~7)

@구원의 투구와 성령의 검 곧 하나님의 말씀을 가지라(엡6:17)

@너희가 내 안에 거하고 내 말이 너희 안에 거하면 무엇이든지 원하는 대로 구하라 그리하면 이루리라(요15:7)

@그리스도의 말씀이 너희 속에 풍성히 거하여 모든 지혜로 피차 가르치며 권면하고 시와 찬송과 신령한 노래를 부르며 감사하는 마음으로 하나님을 찬양하고 또 무엇을 하든지 말에나 일에나 다 주 예수의 이름으로 하고 그를 힘입어 하나님 아버지께 감사하라(골3:16~17)

(*아이들아 내가 너희에게 쓴 것은 너희가 아버지를 알았음이요 아비들아 내가 너희에게 쓴 것은 너희가 태초부터 계신 이를 알았음이요 청년들아 내가 너희에게 쓴 것은 너희가 강하고 하나님의 말씀이 너희 안에 거하시며 너희가 흉악한 자를 이기었음이라, 요일2:14)

21) 구원의 우물들(선포)
역대상16:23, 역대상16:24, 시19:1, 출34:6, (*벧전2:9)

@온 땅이여 여호와께 노래하며 그의 구원을 날마다 선포할지어다(역대상16:23)

@그의 영광을 모든 민족 중에 그의 기이한 행적을 만민 중에 선포할지어다(역대상16:24)

@하늘이 하나님의 영광을 선포하고 궁창이 그의 손으로 하신 일을 나타내는도다(시19:1)

@여호와께서 그의 앞으로 지나시며 선포하시되 여호와라 여호와라 자비롭고 은혜롭고 노하기를 더디하고 인자와 진실이 많은 하나님이라(출34:6)

(*그러나 너희는 택하신 족속이요 왕같은 제사장들이요 거룩한 나라요 그의 소유가 된 백성이니 이는 너희를 어두운 데서 불러내어 그의 기이한 빛에 들어가게 하신 이의 아름다운 덕을 선포하게 하려 하심이라, 벧전2:9)

22) 구원의 우물들(기도)
살전5:17, 막9:29, 렘29:12~13, 렘33:3, (*고전14:14~15)

@쉬지 말고 기도하라(살전5:17)

@이르시되 기도 외에 다른 것으로는 이런 종류가 나갈 수 없느니라 하시니라(막9:29)

@너희가 내게 부르짖으며 내게 와서 기도하면 내가 너희들의 기도를 들을 것이요 너희가 온 마음으로 나를 구하면 나를 찾을 것이요 나를 만나리라(렘29:12~13)

@너희는 내게 부르짖으라 내가 네게 응답하겠고 네가 알지 못하는 크고 은밀한 일을 네게 보이리라(렘33:3)

(*내가 만일 방언으로 기도하면 나의 영이 기도하거니와 나의 마음은 열매를 맺지 못하리라 그러면 어떻게 할까 내가 영으로 기도하고 또 마음으로 기도하며 내가 영으로 찬송하고 또 마음으로 찬송하리라, 고전14:14~15)

23) 구원의 우물들(생수, 샘물, 성령, 생수의 강, 성령 강림)
요4:10, 요4:14, 요14:26, 요7:38~39, (*행2:1~4)

@네가 만일 하나님의 선물과 또 네게 물 좀 달라 하는 이가 누구인지 알았더라면 네가 그에게 구하였을 것이요 그가 생수를 네게 주었으리라(요4:10)

@내가 주는 물을 마시는 자는 영원히 목마르지 아니하리니 내가 주는 물은 그 속에서 영생하도록 솟아나는 샘물이 되리라(요4:14)

@보혜사 곧 아버지께서 내 이름으로 보내실 성령 그가 너희에게 모든 것을 가르치고 내가 너희에게 말한 모든 것을 생각나게 하라라(요14:26)

@나를 믿는 자는 성경에 이름과 같이 그 배에서 생수의 강이 흘러 나오리라 하시니 이는 그를 믿는 자들이 받을 성령을 가리켜 말씀하신 것이라(예수께서 아직 영광을 받지 않으셨으므로 성령이 아직 그들에게 계시지 아니하시더라)(요7:38~39)

(*오순절 날이 이미 이르매 그들이 다 같이 한곳에 모였더니 홀연히 하늘로부터 급하고 강한 바람 같은 소리가 있어 그들이 앉은

온 집에 가득하며 마치 불의 혀처럼 갈라지는 것들이 그들에게 보여 각 사람 위에 하나씩 임하여 있더니 그들이 다 성령의 충만함을 받고 성령이 말하게 하심을 따라 다른 언어들로 말하기를 시작하니라, 행2:1~4)

24) 구원의 우물들(성령)
행2:38, 롬8:26, 롬8:27, 엡6:18, (*유1:20~21)

@베드로가 이르되 너희가 회개하여 각각 예수 그리스도의 이름으로 세례를 받고 죄 사함을 받으라 그리하면 성령의 선물을 받으리니(행2:38)

@이와 같이 성령도 우리의 연약함을 도우시나니 우리는 마땅히 기도할 바를 알지 못하나 오직 성령이 말할 수 없는 탄식으로 우리를 위하여 친히 간구하시느니라(롬8:26)

@마음을 살피시는 이가 성령의 생각을 아시나니 이는 성령이 하나님의 뜻대로 성도를 위하여 간구하심이니라(롬8:27)

@모든 기도와 간구를 하되 항상 성령 안에서 기도하고 이를 위하여 깨어 구하기를 항상 힘쓰며 여러 성도를 위하여 구하라(엡6:18)

(*사랑하는 자들아 너희는 너희의 지극히 거룩한 믿음 위에 자신을 세우며 성령으로 기도하며 하나님의 사랑 안에서 자신을 지키며 영생에 이르도록 우리 주 예수 그리스도의 긍휼을 기다리라, 유1:20~21)

전 *자아(옛 사람) 처리

25) 하나님의 말씀을 이루려 함이니라
시147:15, 창12:4, 요일2:27, 시105:18~19, (*골1:25)

@그의 명령을 땅에 보내시니 그의 말씀이 속히 달리는도다(시147:15)

@이에 아브람이 여호와의 말씀을 따라갔고 롯도 그와 함께 갔으며 아브람이 하란을 떠날 때에 칠십오 세였더라(창12:4)

@너희는 주께 받은 바 기름부음이 너희 안에 거하나니 아무도 너희를 가르칠 필요가 없고 오직 그의 기름부음이 모든 것을 너희에게 가르치며 또 참되고 거짓이 없으니 너희를 가르치신 그대로 주 안에 거하라(요일2:27)

@그의 발은 차꼬를 차고 그의 몸은 쇠사슬에 매였으니 곧 여호와의 말씀이 응할 때까지라 그의 말씀이 그를 단련하였도다(시105:18~19)

(*내가 교회의 일꾼 된 것은 하나님이 너희를 위하여 내게 주신 직분을 따라 하나님의 말씀을 이루려 함이니라, 골1:25)

26) 온 세상은 악한 자 안에 처한 것이며
요15:18, 요15:19, 요15:23, 딤후3:12, (*요일5:19)

@세상이 너희를 미워하면 너희보다 먼저 나를 미워한 줄을 알라(요15:18)

@너희가 세상에 속하였으면 세상이 자기의 것을 사랑할 것이나 너희는 세상에 속한 자가 아니요 도리어 내가 너희를 세상에서 택하였기 때문에 세상이 너희를 미워하느니라(요15:19)

@나를 미워하는 자는 또 내 아버지를 미워하느니라(요15:23)

@무릇 그리스도 예수 안에서 경건하게 살고자 하는 자는 박해를 받으리라(딤후3:12)

(*또 아는 것은 우리는 하나님께 속하고 온 세상은 악한 자 안에 처한 것이며)

27) 세상을 이기는 자
요일5:4, 요일5:5, 요일5:11, 요일5:12, (*요16:33)

@무릇 하나님께로부터 난 자마다 세상을 이기느니라 세상을 이기는 승리는 이것이니 우리의 믿음이니라(요일5:4)

@예수께서 하나님의 아들이심을 믿는 자가 아니면 세상을 이기

는 자가 누구냐(요일5:5)

@또 증거는 이것이니 하나님이 우리에게 영생을 주신 것과 이 생명이 그의 아들 안에 있는 그것이니라(요일5:11)

@아들이 있는 자에게는 생명이 있고 하나님의 아들이 없는 자에게는 생명이 없느니라(요일5:12)

(*이것을 너희에게 이르는 것은 너희로 내 안에서 평안을 누리게 하려 함이라 세상에서는 너희가 환란을 당하나 담대하라 내가 세상을 이기었노라, 요16:33)

28) 사망을 이기는 승리의 삶(옛 사람 처리)
마16:24, 롬6:10~11, 갈2:19, 고전15:55~57, (*롬7:5~6)
@이에 예수께서 제자들에게 이르시되 누구든지 나를 따라오려든 자기를 부인하고 자기 십자가를 지고 나를 따를 것이니라(마16:24)

@그가 죽으심은 죄에 대하여 단번에 죽으심이요 그가 살아계심은 하나님께 대하여 살아계심이니 이와 같이 너희도 너희 자신을 죄에 대하여는 죽은 자요 그리스도 예수 안에서 하나님께 대하여는 살아있는 자로 여길지어다(롬6:10~11)

@내가 율법으로 말미암아 율법에 대하여 죽었나니 이는 하나님에 대하여 살려 함이라(갈2:19)

@사망아 너의 승리가 어디 있느냐 사망아 네가 쏘는 것이 어디 있느냐 사망이 쏘는 것은 죄요 죄의 권능은 율법이라 우리 주 예수 그리스도로 말미암아 우리에게 승리를 주시는 하나님께 감사하노니(고전15:55~57)

@우리가 육신에 있을 때에는 율법으로 말미암는 죄의 정욕이 우리 지체 중에 역사하여 우리로 사망을 위하여 열매를 맺게 하였더니 이제는 우리가 얽매였던 것에 대하여 죽었으므로 율법에서 벗어났으니 이러므로 우리가 영의 새로운 것으로 섬길 것이요 율법 조문의 묵은 것으로 아니할지니라(롬7:5~6)

29) 열매(나는 포도나무요 너희는 가지니)
요12:24, 약3:18, 엡5:9, 갈5:22~23, (*요15:5)

@내가 진실로 진실로 너희에게 이르노니 한 알의 밀이 땅에 떨어져 죽지 아니하면 한 알 그대로 있고 죽으면 많은 열매를 맺느니라(마12:24)

@화평하게 하는 자들은 화평으로 심어 의의 열매를 거두느니라(약3:18)

@빛의 열매는 모든 착함과 의로움과 진실함에 있느니라(엡5:9)

@오직 성령의 열매는 사랑과 희락과 화평과 오래 참음과 자비와 양선과 충성과 온유와 절제니 이같은 것을 금지할 법이 없느니라(갈5:22~23)

(*나는 포도나무요 너희는 가지라 그가 내 안에 내가 그 안에 거하면 사람이 열매를 많이 맺나니 나를 떠나서는 너희가 아무 것도 할 수 없음이라, 요15:5)

30) 세상의 소금
마5:3, 마5:4, 마5:5, 마5:6, (*마5:13)

@심령이 기닌한 사는 복이 있나니 천국이 저희의 것임이요(마5:3)
@애통하는 자는 복이 있나니 저희가 위로를 받을 것임이요(마5:4)
@온유한 자는 복이 있나니 저희가 땅을 기업으로 받을 것임이요(마5:5)
@의에 주리고 목마른 자는 복이 있나니 저희가 배부를 것임이요(마5:6)

(*너희는 세상의 소금이니 소금이 만일 그 맛을 잃으면 무엇으로 짜게 하리요 후에는 아무 쓸 데 없어 다만 밖에 버려져 사람에게 밟힐 뿐이니라, 마5:13)

31) 세상의 빛
마5:7, 마5:8, 마5:9, 마5:10, (*마5:14)

@긍휼이 여기는 자는 복이 있나니 저희가 긍휼이 여김을 받을 것임이요(마5:7)
@마음이 청결한 자는 복이 있나니 저희가 하나님을 볼 것이요(마5:8)
@화평하게 하는 자들은 복이 있나니 저희가 하나님의 아들이라 일컬음을 받을 것이요(마5:9)
@의를 위하여 핍박을 받은 자는 복이 있나니 천국이 저희의 것임이라(마5:10)
(*너희는 세상의 빛이라 산 위에 있는 동네가 숨겨지지 못할 것이요, 마5:14)

32) 혀는 능히 길들일 사람이 없나니
약3:2, 약3:3, 약3:4~5, 약3:6, (*약3:8)
@우리가 다 실수가 많으니 만일 말에 실수가 없는 자라면 곧 온전한 사람이라 능히 온 몸도 굴레 씌우리라(약3:2)
@우리가 말들의 입에 재갈 물리는 것은 우리에게 순종하게 하려고 그 온몸을 제어하는 것이라(약3:3)
@또 배를 보라 그렇게 크고 광풍에 밀려가는 것들을 지극히 작은 키로써 사공의 뜻대로 운행하나니 이와 같이 혀도 작은 지체로되 큰 것을 자랑하도다 보라 얼마나 작은 불이 얼마나 많은 나무를 태우는가(약3:4~5)
@혀는 곧 불이요 불의의 세계라 혀는 우리 지체 중에서 온 몸을 더럽히고 삶의 수레바퀴를 불사르나니 그 사르는 것이 지옥불에서 나느니라(약3:6)
(*혀는 능히 길들일 사람이 없나니 쉬지 아니하는 악이요 죽이는 독이 가득한 것이라, 약3:8)

33) 십자가를 통과하라(죽은 자 가운데서 도로 받은 것이니라)
롬6:14, 역대하7:14, 갈2:20, 창22:9~10 (*히11:18~19)
@죄가 너희를 주장하지 못하리니 이는 너희가 법 아래에 있지

아니하고 은혜 아래에 있음이라(롬6:14)

@내 이름으로 일컫는 내 백성이 그들의 악한 길에서 떠나 스스로 낮추고 기도하여 내 얼굴을 찾으면 내가 하늘에서 듣고 그들의 죄를 사하고 그들의 땅을 고칠지라(역대하7:14)

@내가 그리스도와 함께 십자가에 못박혔나니 그런즉 이제는 내가 사는 것이 아니요 오직 내 안에 그리스도께서 사시는 것이라 이제 내가 육체 가운데 사는 것은 나를 사랑하사 나를 위하여 자기 자신을 버리신 하나님의 아들을 믿는 믿음 안에서 사는 것이라(갈2:20)

@하나님이 그에게 일러주신 곳에 이른지라 이에 아브라함이 그 곳에 제단을 쌓고 나무를 벌여 놓고 그의 아들 이삭을 결박하여 제단 나무 위에 놓고 손을 내밀어 칼을 잡고 그 아들을 잡으려 하니(창22:9~10)

(*그에게 이미 말씀하시기를 네 자손이라 칭할 자는 이삭으로 말미암으리라 하셨으니 그가 하나님이 능히 이삭을 죽은 자 가운데서 다시 살리실 줄로 생각한지라 비유컨대 그를 죽은 자 가운데서 도로 받은 것이니라, 히11:18~19)

34) 하나님 사랑(사랑으로써 역사하는 믿음)
요일3:14, 요일3:16, 요일4:10, 마22:37~38, 갈5:6

@우리는 형제를 사랑함으로 사망에서 옮겨 생명으로 들어간 줄을 알거니와 사랑하지 아니하는 자는 사망에 머물러 있느니라(요일3:14)

@그가 우리를 위하여 목숨을 버리셨으니 우리가 이로써 사랑을 알고 우리도 형제들을 위하여 목숨을 버리는 것이 마땅하도다(요일3:16)

@사랑은 여기 있으니 우리가 하나님을 사랑한 것이 아니요 하나님이 우리를 사랑하사 우리 죄를 속하기 위하여 화목 제물로 그 아들을 보내셨음이라(요일4:10)

@예수께서 이르시되 네 마음을 다하고 목숨을 다하고 뜻을 다하여 주 너의 하나님을 사랑하라 하셨으니 이것이 크고 첫째 되는 계명이요(마22:37~38)

(*그리스도 예수 안에서는 할례나 무할례나 효력이 없으되 사랑으로써 역사하는 믿음 뿐이니라, 갈5:6)

35) 서로 사랑
요일3:23, 요15:12, 요일4:7~8, 요일4:11, (*요일4:12)

@그의 계명은 이것이니 곧 그 아들 예수 그리스도의 이름을 믿고 그가 우리에게 주신 계명대로 서로 사랑할 것이니라(요일3:23)

@내 계명은 곧 내가 너희를 사랑한 것 같이 너희도 서로 사랑하라 하는 이것이니라(요15:12)

@사랑하는 자들아 우리가 서로 사랑하자 사랑은 하나님께 속한 것이니 사랑하는 자마다 하나님으로부터 나서 하나님을 알고 사랑하지 아니하는 자는 하나님을 알지 못하나니 이는 하나님은 사랑이심이라(요일4:7~8)

@사랑하는 자들아 하나님이 이같이 우리를 사랑하셨은즉 우리도 서로 사랑하는 것이 마땅하도다(요일4:11)

(*어느 때나 하나님을 본 사람이 없으되 만일 우리가 서로 사랑하면 하나님이 우리 안에 거하시고 그의 사랑이 우리 안에 온전히 이루어지느니라, 요일4:12)

36) 이웃 사랑(믿음에서 나오는 사랑)
고전13:3, 고전13:4~7, 고전13:13, 마22:39~40, (*딤전1:5)

@내가 내게 있는 모든 것으로 구제하고 또 내 몸을 불사르게 내줄지라도 사랑이 없으면 내게 아무 유익이 없느니라(고전13:3)

@사랑은 오래 참고 사랑은 온유하며 시기하지 아니하며 사랑은 자랑하지 아니하며 교만하지 아니하며 무례히 행하지 아니하며 자기의 유익을 구하지 아니하며 성내지 아니하며 악한 것을 생각하지 아니하며 불의를 기뻐하지 아니하며 진리와 함께 기뻐하고 모

든 것을 참으며 모든 것을 믿으며 모든 것을 바라며 모든 것을 견디느니라(고전13:4~7)

@그런즉 믿음 소망 사랑 이 세 가지는 항상 있을 것인데 그 중의 제일은 사랑이라(고전13:13)

@둘째도 그와 같으니 네 이웃을 네 자신 같이 사랑하라 하셨으니 이 두 계명이 온 율법과 선지자의 강령이니라(마22:39~40)

(*이 교훈의 목적은 청결한 마음과 선한 양심과 거짓이 없는 믿음에서 나오는 사랑이거늘, 딤전1:5)

결 *거룩

37) 거룩
딤전4:5, 요17:17, 엡5:26~27, 벧전1:2, (*살전5:23)

@하나님의 말씀과 기도로 거룩하여짐이라(딤전4:5)

@그들을 진리로 거룩하게 하옵소서 아버지의 말씀은 진리니이다(요17:17)

@이는 곧 물로 씻어 말씀으로 깨끗하게 하사 거룩하게 하시고 자기 앞에 영광스러운 교회로 세우사 티나 주름 잡힌 것이나 이런 것들이 없이 거룩하고 흠이 없게 하려 하심이라(엡5:26~27)

@곧 하나님 아버지의 미리 아심을 따라 성령이 거룩하게 하심으로 순종함과 예수 그리스도의 피뿌림을 얻기 위하여 택하심을 받은 자들에게 편지하노니 은혜와 평강이 너희에게 더욱 많을지어다(벧전1:2)

(*평강의 하나님이 친히 너희를 온전히 거룩하게 하시고 또 너희의 온 영과 혼과 몸이 우리 주 예수 그리스도께서 강림하실 때에 흠 없게 보전되기를 원하노라, 살전5:23)

38) 그 짐승의 수를 세어 보라 그의 수는 육백육십육이니라
계12:7~8, 계12:9, 계13:1, 계13:11 (*계13:18)

@하늘에 전쟁이 있으니 미가엘과 그의 사자들이 용와 더불어 싸

울 새 용과 그의 사자들도 싸우나 이기지 못하여 다시 하늘에서 그 들이 있을 곳을 얻지 못한지라(계12:7~8)

@큰 용이 내쫓기니 옛 뱀 곧 마귀라고도 하고 사탄이라고도 하며 온 천하를 꾀는 자라 그가 땅으로 내쫓기니 그의 사자들도 그와 함께 내쫓기니라(계17:9)

@내가 보니 바다에서 한 짐승이 나오는데 뿔이 열이요 머리가 일곱이라 그 뿔에는 열 왕관이 있고 그 머리들에는 신성 모독하는 이름들이 있더라(계13:1)

@내가 보매 또 다른 짐승이 땅에서 올라오니 어린 양 같이 두 뿔이 있고 용처럼 말을 하더라(계13:11)

(*지혜가 여기 있으니 총명한 자는 그 짐승의 수를 세어 보라 그 것은 사람의 수니 그의 수는 육백육십육이니라, 계13:18)

39) 볼지어다 그가 구름을 타고 오시리라
행1:8~9, 고전15:51~52, 살전4:16~17, 마25:1~6, (*계1:7)

@오직 성령이 너희에게 임하시면 너희가 권능을 받고 예루살렘과 온 유대와 사마리아와 땅끝까지 이르러 내 증인이 되리라 하시니라 이 말씀을 마치시고 그들이 보는데 올려져 가시니 구름이 그를 가리어 보이지 않게 하더라(행1:8~9)

@보라 내가 너희에게 비밀을 말하노니 우리가 다 잠 잘 것이 아니요 마지막 나팔에 순식간에 홀연히 다 변화되리니 나팔 소리가 나매 죽은 자들이 썩지 아니할 것으로 다시 살아나고 우리도 변화되리라(고전15:51~52)

@주께서 호령과 천사장의 소리와 하나님의 나팔 소리로 친히 하늘로부터 강림하시리니 그리스도 안에서 죽은 자들이 먼저 일어나고 그 후에 우리 살아남은 자들도 그들과 함께 구름 속으로 끌어 올려 공중에서 주를 영접하게 하시리니 그리하여 우리가 항상 주와 함께 있으리라(살전4:16~17)

@그때에 천국은 마치 등을 들고 신랑을 맞으러 나간 열 처녀와

같다 하리니 그 중의 다섯은 미련하고 다섯은 슬기 있는 자라 미련한 자들은 등을 가지되 기름을 가지지 아니하고 슬기 있는 자들은 그릇에 기름을 담아 등과 함께 가져갔더니 신랑이 더디 오므로 다 졸며 잘 새 밤중에 소리가 나되 보라 신랑이로다 맞으러 나오라 하매(마25:1~6)

(*볼지어다 그가 구름을 타고 오시리라 각 사람의 눈이 그를 보겠고 그를 찌른 자들도 볼 것이요 땅에 있는 모든 족속이 그를 인하여 애곡하리니 그러하리라 아멘, 계1:7)

40) 심판
전12:14, 히9:27, 고후5:10, 요5:30, (*요12:48)
@하나님은 모든 행위와 모든 은밀한 일을 선악간에 심판하시리라(전12:14)
@한 번 죽는 것은 사람에게 정해진 것이요 그 후에는 심판이 있으리니(히9:27)
@이는 우리가 다 반드시 그리스도의 심판대 앞에 나타나게 되어 각각 선악간에 그 몸으로 행한 것을 따라 받으려 함이라(고후5:10)
@내가 아무것도 스스로 할 수 없노라 듣는대로 심판하노니 나는 나의 뜻대로 하려 하지 않고 나를 보내신 이의 뜻대로 하려 하므로 내 심판은 의로우니라(요5:30)
(*나를 저버리고 내 말을 받지 아니하는 자를 심판할 이가 있으니 곧 내가 한 그 말이 마지막 날에 그를 심판하리라, 요12:48)

41) 만왕의 왕(만주의 주, 심판주)
요5:22~23, 요5:26~27, 딤후4:1~2, 딤후4:7~8, (*계19:15~16)
@아버지께서 아무도 심판하지 아니하시고 심판을 다 아들에게 맡기셨으니 이는 모든 사람으로 아버지를 공경하는 것 같이 아들을 공경하게 하려 하심이라 아들을 공경하지 아니하는 자는 그를 보내신 아버지도 공경하지 아니하느니라(요5:22~23)

@아버지께서 자기 속에 생명이 있음 같이 아들에게도 생명을 주어 그 속에 있게 하셨고 또 인자됨으로 말미암아 심판하는 권한을 주셨느니라(요5:26~27)

@하나님 앞과 살아 있는 자와 죽은 자를 심판하실 그리스도 예수 앞에서 그가 나타나실 것과 그의 나라를 두고 엄히 명하노니 너는 말씀을 전파하라 때를 얻든지 못 얻든지 항상 힘쓰라 범사에 오래 참음과 가르침으로 경책하며 경계하며 권하라(딤후4:1~2)

@나는 선한 싸움을 싸우고 나의 달려갈 길을 마치고 믿음을 지켰으니 이제 후로는 나를 위하여 의의 면류관이 예비되었으므로 주 곧 의로우신 재판장이 그날에 내게 주실 것이며 내게만 아니라 주의 나타나심을 사모하는 모든 자에게도니라(딤후4:7~8)

(*그의 입에서 예리한 검이 나오니 그것으로 만국을 치겠고 친히 그들을 철장으로 다스리며 또 친히 하나님 곧 전능하신 이의 맹렬한 진노의 포도주 틀을 밟겠고 그의 옷과 그의 다리에 이름을 쓴 것이 있으니 만왕의 왕이요 만주의 주라 하였더라, 계19:15~16)

42) 너희가 듣는 말은 나를 보내신 아버지의 말씀이니라
요14:9, 요14:10, 요14:11, 요14:20, (*요14:24)

@예수께서 이르시되 빌립아 내가 이렇게 오래 너희와 함께 있으되 네가 나를 알지 못하느냐 나를 본 자는 아버지를 보았거늘 어찌하여 아버지를 보이라 하느냐(요14:9)

@내가 아버지 안에 거하고 아버지는 내 안에 계신 것을 네가 믿지 아니하느냐 내가 너희에게 이르는 말은 스스로 하는 것이 아니라 아버지께서 내 안에 계셔서 그의 일을 하시는 것이라(요14:10)

@내가 아버지 안에 거하고 아버지께서 내 안에 계심을 믿으라 그렇지 못하겠거든 행하는 그 일로 말미암아 나를 믿으라(요14:11)

@그 날에는 내가 아버지 안에 너희가 내 안에 내가 너희 안에 있는 것을 너희가 알리라(요14:20)

(*나를 사랑하지 아니하는 자는 내 말을 지키지 아니하나니 너

희가 듣는 말은 내 말이 아니요 나를 보내신 아버지의 말씀이니라, 요14:24)

43) 나와 아버지는 하나이니라 하신대
사9:6, 딛2:11~14, 요일5:20, 롬5:15, (*요10:30)

@이는 한 아기가 우리에게 났고 한 아들을 우리에게 주신 바 되었는데 그의 어깨에는 정사를 메었고 그의 이름은 기묘자라 모사라 전능하신 하나님이라 영존하시는 아버지라 평강의 왕이라 할 것임이라(사9:6)

@모든 사람에게 구원을 주시는 하나님의 은혜가 나타나 우리를 양육하시되 경건하지 않은 것과 이 세상 정욕을 다 버리고 신중함과 의로움과 경건함으로 이 세상에 살고 복스러운 소망과 우리의 크신 하나님 구주 예수 그리스도의 영광이 나타나심을 기다리게 하셨으니 그가 우리를 대신하여 자신을 주심은 모든 불법에서 우리를 속량하시고 우리를 깨끗하게 하사 선한 일을 열심히 하는 자기 백성이 되게 하려 하심이라(딛2:11~14)

@또 아는 것은 하나님의 아들이 이르러 우리에게 지각을 주사 우리로 참된 자를 알게 하신 것과 또한 우리가 참된 자 곧 그의 아들 예수 그리스도 안에 있는 것이니 그는 참 하나님이시요 영생이시라(요일5:20)

@그러나 이 은사는 그 범죄와 같지 아니하니 곧 한 사람의 범죄를 인하여 많은 사람이 죽었은즉 더욱 하나님의 은혜와 또한 한 사람 예수 그리스도의 은혜로 말미암은 선물은 많은 사람에게 넘쳤느니라(롬5:15)

(*나와 아버지는 하나이니라 하신대, 요10:30)

44) 원수 갚는 것이 내게 있으니 내가 갚으리라고 말씀하시니라
엡4:7, 롬12:14, 롬12:17, 롬12:18, (*롬12:19)

@우리 각 사람에게 그리스도의 선물의 분량대로 은혜를 주셨나니(엡4:7)

@너희를 박해하는 자를 축복하라 축복하고 저주하지 말라(롬12:14)

@아무에게도 악을 악으로 갚지 말고 모든 사람 앞에서 선한 일을 도모하라(롬12:17)

@할 수 있거든 너희로서는 모든 사람과 더불어 화목하라(롬12:18)

(*내 사랑하는 자들아 너희가 친히 원수를 갚지 말고 하나님의 진노하심에 맡기라 기록되었으되 원수 갚는 것이 내게 있으니 내가 갚으리라고 주께서 말씀하시니라(롬12:19)

45) 처음 익은 열매
계3:21, 계14:1, 계14:2, 계14:3, (*계14:4~5)

@이기는 그에게는 내가 내 보좌에 함께 앉게 하여 주기를 내가 이기고 아버지 보좌에 함께 앉은 것과 같이 하리라(계3:21)

@또 내가 보니 보라 어린 양이 시온산에 섰고 그와 함께 십사만 사천이 서 있는데 그들의 이마에는 어린 양의 이름과 그 아버지의 이름을 쓴 것이 있더라(계14:1)

@내가 하늘에서 나는 소리를 들으니 많은 물 소리와도 같고 큰 우렛소리와도 같은데 내가 들은 소리는 거문고 타는 자들이 그 거문고를 타는 것 같더라(계14:2)

@그들이 보좌 앞과 네 생물과 장로들 앞에서 새 노래를 부르니 땅에서 속량함을 받은 십사만 사천 밖에는 능히 이 노래를 배울 자가 없더라(계14:3)

(*이 사람들은 여자와 더불어 더럽히지 아니하고 순결한 자라 어린 양이 어디로 인도하든지 따라가는 자며 사람 가운데에서 속량함을 받아 처음 익은 열매로 하나님과 어린 양에게 속한 자들이니 그의 입에 거짓말이 없고 흠이 없는 자들이더라(계14:4~5)

46) 재림
계19:11, 계9:12~13, 계19:14, 계19:15~16, (*계19:19~21)

@또 내가 하늘이 열린 것을 보니 보라 백마와 그것을 탄 자가

있으니 그 이름은 충신과 진실이라 그가 공의로 심판하며 싸우더라(계19:11)

@그 눈은 불꽃 같고 그 머리에는 많은 관들이 있고 또 이름 쓴 것 하나가 있으니 자기 밖에 아는 자가 없고 또 그가 피뿌린 옷을 입었는데 그 이름은 하나님의 말씀이라 칭하더라(계19:12~13)

@하늘에 있는 군대들이 희고 깨끗한 세마포 옷을 입고 백마를 타고 그를 따르더라(계19:14)

@그의 입에서 예리한 검이 나오니 그것으로 만국을 치겠고 친히 그들을 철장으로 다스리며 또 친히 하나님 곧 전능하신 이의 맹렬한 진노의 포도주틀을 밟겠고 그의 옷과 그의 다리에 이름을 쓴 것이 있으니 만왕의 왕이요 만주의 주라 하였더라(계19:15~16)

(*또 내가 보매 그 짐승과 땅의 임금들과 그들의 군대들이 모여 그 말 탄 자와 그의 군대와 더불어 전쟁을 일으키다가 짐승이 잡히고 그 앞에서 표적을 행하던 거짓 선지자도 함께 잡혔으니 이는 짐승의 표를 받고 그의 우상에게 경배하던 자들을 표적으로 미혹하던 자라 이 둘이 산 채로 유황불 붙는 못에 던져지고 그 나머지는 말 탄 자의 입으로부터 나오는 검에 죽으매 모든 새가 그들의 살로 배불리더라, 계19:19~21)

47) 천년왕국
계20:1~3, 계20:4~5, 계20:6, 계20:7~8, (*계20:9~10)

@또 내가 보매 천사가 무저갱의 열쇠와 큰 쇠사슬을 그의 손에 가지고 하늘로부터 내려와서 용을 잡으니 곧 옛 뱀이요 마귀요 사탄이라 잡아서 천 년 동안 결박하여 무저갱에 던져 넣어 잠그고 그 위에 인봉하여 천 년이 차도록 다시는 만국을 미혹하지 못하게 하였는데 그 후에는 반드시 잠깐 놓이리라(계20:1~3)

@또 내가 보좌들을 보니 거기에 앉은 자들이 있어 심판하는 권세를 받았더라 또 내가 보니 예수를 증언함과 하나님의 말씀 때문에 목 베임을 당한 자들의 영혼들과 또 짐승과 그의 우상에게 경

배하지 아니하고 그들의 이마와 손에 그의 표를 받지 아니한 자들이 살아서 그리스도와 더불어 천 년 동안 왕 노릇 하니(그 나머지 죽은 자들은 그 천 년이 차기까지 살지 못하더라) 이는 첫째 부활이라(계20:4~5)

@이 첫째 부활에 참여하는 자들은 복이 있고 거룩하도다 둘째 사망이 그들을 다스리는 권세가 없고 도리어 그들이 하나님과 그리스도의 제사장이 되어 천 년 동안 그리스도와 더불어 왕노릇 하리라(계20:6)

@천 년이 차매 사탄이 그 옥에서 놓여 나와서 땅의 사방 백성 곧 곡과 마곡을 미혹하고 모아 싸움을 붙이리니 그 수가 바다의 모래 같으리라(계20:7~8)

(*그들이 지면에 널리 펴져 성도들의 진과 사랑하시는 성을 두르매 하늘에서 불이 내려와 그들을 태워버리고 또 그들을 미혹하는 마귀가 불과 유황 못에 던져지니 거기는 그 짐승과 거짓 선지자도 있어 세세토록 밤낮 괴로움을 받으리라, 계20:9~10)

48) 새 하늘과 새 땅(새 예루살렘)
계21:1, 계21:2, 계21:16, 계21:17 (*계22:21)

@또 내가 새 하늘과 새 땅을 보니 처음 하늘과 처음 땅이 없어졌고 바다도 다시 있지 않더라(계21:1)

@또 내가 보매 거룩한 성 새 예루살렘이 하나님께로부터 하늘에서 내려오니 그 준비한 것이 신부가 남편을 위하여 단장한 것 같더라(계21:2)

@그 성은 네모가 반듯하여 길이와 넓이가 같은 지라 그 갈대자로 그 성을 측량하니 만 이천 스다디온이요 길이와 넓이와 높이가 같더라(계21:16)

@그 성곽을 측량하매 백 사십사 규빗이니 사람의 측량 곧 천사의 측량이라(계21:17)

(*주 예수의 은혜가 모든 자들에게 있을지어다 아멘, 계22:21)

맺는 말

중심 주제는 "종교(신앙) 대개혁(다원주의, 혼합주의, 인본주의 철퇴와 하나님 중심, 교회 중심, 말씀 중심)의 길로"이며 그 내용은 돌이키고(역대하7:14), 엎드려라(갈2:20)이다. 이 두 구절의 말씀을 각각 1만 번씩 암송함으로써 "회개와 믿음"의 터를 굳게 세우고 또한 두 구절 말씀의 단어별로 구성된 "30구절의 파생 말씀"을 암송함으로써 "이기는 자(계3:21)"로 발돋움 하는 것이다. 그리고 책의 제목에 대하여는 그 동안 주로 기도중 은혜 받은 말씀의 내용들(내가 만난 하나님, 회개와 믿음, 말씀과 기도, 성막 기도, 그리스도의 좋은 병사, 충성되고 지혜있는 종, 영적 전쟁, 일어나라 빛을 발하라)로 생각해 왔지만 정작 아버지 하나님께 기도드릴 생각을 하지 못했다. 그러던 중 어느 날 문득 "아차 아버지 하나님께 기도드릴 생각을 못했네, 그래 맞아, 허허, 참" 하는 생각이 떠올랐다. 그리하여 2021년 2월 8일 새벽 기도 중에 "아버지 하나님이여 책 제목을 어떻게 하면 됩니까?" "성막기도? 그리스도의 좋은 병사? 아니면 어떤 제목으로 하면 되겠습니까?" 책 이름은 "희생, 섬김, 구세"를 통한 "이기는 자"로 분량은 "100~120페이지"로 하라는 말씀을 주셨다. 그리하여 이 책의 이름과 분량이 정해진 것이다. 정말 신나고 재미있는 "신앙 여정 18여 년"이 순식간에 지나갔다.

"핵심 6계열 24구절, 암송 도전 권면"

제1계열(롬1:17, 고후3:18, 벧후1:10, 계17:14),
제2계열(롬3:21~22, 고후11:2~3, 고후3:5~6, 요일2:15~17),
제3계열(시147:15, 창12:4, 요일2:27, 시105:18~19),
제4계열(마16:24, 롬6:10~11, 갈2:19, 고전15:55~57),
제5계열(롬6:4, 고후4:10, 고후4:11, 빌2:13),
제6계열(고후10:3~6, 벧전5:8~9, 히3:18~19, 약2:22)

여기까지 인도하여 주신 주(성령)님의 은혜가 크고 광대하다.
다시 한번 감사와 찬양과 존귀를 올려 드립니다!
주님 홀로 높임을 받으시옵소서!
주님 홀로 영광 영광 거두시옵소서!
이 시간 우리 주님을 찬양합니다!
이 시간 우리 주님을 사랑합니다!
할렐루야! 할렐루야! 할렐루야!

이 책을 읽는 모든 분들께도 우리 아버지 하나님의 크고 놀라우신 사랑과 은혜와 위로와 격려가 함께 하시기를 간절히 기도 드립니다. 할렐루야! 감사! 아멘!

예수 그리스도의 이름으로 사랑하고 축복합니다!
감사하고 존경합니다!

할렐루야! 할렐루야! 할렐루야!

@나는 여호와이니 이는 내 이름이라 나는 내 영광을 다른 자에게 내 찬송을 우상에게 주지 아니하리라(사42:8)

@그런즉 너희가 먹든지 마시든지 무엇을 하든지 다 하나님의 영광을 위하여 하라(고전10:31)

@이 백성은 내가 나를 위하여 지었나니 나를 찬송하게 하려 함이니라(사43:21)

@호흡이 있는 자마다 여호와를 찬양할지어다 할렐루야(시150:6)

오직 복음! 오직 믿음! 오직 은혜! 오직 충성!

2022. 10. 10.

이기는 자

2022년 10월 10일 초판 1쇄 발행

지 은 이 ｜ 정덕규
편　　집 ｜ 이소정
펴 낸 이 ｜ 임창연
펴 낸 곳 ｜ 창연출판사
주　　소 ｜ 경남 창원시 의창구 읍성로 39
출판등록 ｜ 2013년 11월 26일 제 2013-000029호
전　　화 ｜ (055) 296-2030
팩　　스 ｜ (055) 246-2030
E - mail ｜ 7calltaxi@hanmail.net

값 12,000원
ISBN 979-11-91751-21-5　　03230

ⓒ 정덕규, 2022

* 이 책의 판권은 저자와 창연출판사에 있습니다.
* 양측의 서면 동의 없이 무단 전재나 복제를 금합니다.